Wolfram Kowalewsky
Über den Umgang mit Vorgesetzten

D1640473

Wolfram Kowalewsky

Über den Umgang mit Vorgesetzten

Macht und Mut am Arbeitsplatz

Zweite, überarbeitete
und erweiterte Auflage

Bund-Verlag

CIP-Titelaufnahme der Deutschen Bibliothek

Kowalewsky, Wolfram:
Über den Umgang mit Vorgesetzten: Macht und Mut am Arbeitsplatz /
Wolfram Kowalewsky. – 2., überarb. u. erw. Aufl. – Köln: Bund-Verl., 1990
   ISBN 3-7663-2110-2

2. Auflage 1990
© 1986 by Bund-Verlag GmbH, Köln
Lektorat: Gunther Heyder
Herstellung: Anke Roll
Umschlag: Roberto Patelli, Köln
Satz: Satzbetrieb Schäper GmbH, Bonn
Druck: Ebner Ulm
Printed in Germany 1990
ISBN 3-7663-2110-2

Inhalt

An den Leser
der neunziger Jahre

Zeittafel

Rückblick auf zwei Jahrhunderte »Umgang mit Vorgesetzten«

Vor zweihundert Jahren etwa – 1789 – begann die Französische Revolution. Schon damals drehte sich alles um unser Thema: um das Verhalten von Vorgesetzten. Es ging um Adlige, um Fürsten, Bischöfe und um den König. Es ging um Macht und Einfluß, um sehr viel Geld und um schlimmste Armut.

Politisch war es eine Zeit der großen, mitreißenden Reden (z. B. Mirabeau, Robbespierre, Marat u. a.) und der spontanen Volksaufstände. Die Fronten und Konstellationen wechselten ständig; die Konflikt-Entwicklungen waren selten vorhersehbar. Rudolf Augstein wies Anfang 1989 darauf hin, daß sich unter den rund zwölfhundert Mitgliedern der Generalstände, die am 4. Mai 1789 ». . . zu ihrem feierlichen Eröffnungskirchgang schritten, keiner befand, der die Monarchie abschaffen oder den König oder gar die Königin hinrichten wollte . . .« (»Der Spiegel«, Heft 1/1989, S. 86). Vier Jahre später aber war alles anders. Und bald fraß die Revolution ihre eigenen Kinder.

In diesem Durcheinander wäre niemand auf den Gedanken gekommen, ein methodisch-präzises Buch über den »Umgang mit Vorgesetzten« zu lesen. Ein solcher Gedanke wäre absurd gewesen!

Aber manchmal, wenn ich die mitreißenden Reden der Französischen Revolution lese, frage ich mich mit gewissem Neid und ein wenig Wehmut, wie sich heute die Dinge entwickeln würden, wenn Monsieur Robbespierre oder Mrs. Danton die Autoren dieser Schrift wären . . .

Vor hundert Jahren – in den 1890er Jahren – waren die mittleren und hohen Vorgesetzten in der Regel Reserveoffiziere. Die Frage: »Wo gedient?« bestimmte die Laufbahn. Pflichterfüllung, Gehorsam und Disziplin bestimmten das Arbeitsleben.

Die einzig mögliche Opposition, die Sozialdemokratische Partei, war seit 11 Jahren verboten und konnte nur im Untergrund arbeiten. Die sozialen Konflikte waren außerordentlich brisant. 1889 fanden die meisten Streiks des Jahrhunderts statt (ca. 1000 Arbeitsniederlegungen mit insgesamt 190000 Arbeitern). Zwar ergab sich mit Bismarcks Rücktritt (Mai 1890) eine gewisse Entspannung, insbesondere, weil das Verbot aufgehoben wurde.

Der Gesamtstil des Vorgesetzten-Verhaltens war aber in den folgenden 28 Jahren unter Kaiser Wilhelm II. bestimmt durch unbedingte Befehlsgewalt von oben. Übrigens schildert Heinrich Mann in seinem Roman »Der Untertan« das Bild des damaligen Vorgesetzten besonders plastisch. In einer solchen gesellschaftlichen Atmosphäre wären die Gedanken dieses Buches über den Umgang mit Vorgesetzten unerträglich gewesen. Wahrscheinlich hätte man es – das vermute ich mit gewissem Stolz – damals verboten.

Vor siebzig Jahren etwa – 1919 – hatten die Menschen vier Jahre unter der Macht der Vorgesetzten gelitten: in den Schützengräben unter den Offizieren und in den Rüstungsbetrieben an der »Heimatfront« unter ihren Meistern und Betriebsleitern. Sie waren dabei verwundet worden, waren umgekommen (über vier Millionen gefallene »Helden«) oder halb verhungert. Aber keiner kam 1919 in der Verfassunggebenden Versammlung in Weimar auf den Gedanken, das Verhältnis zwischen Vorgesetzten und Mitarbeitern einmal konkret und aus der Sicht der unteren Ebene zu regeln . . .

Blindheit? Oder eine Tragödie der politischen Zerrissenheit?

Immerhin waren damals noch mindestens 40 Prozent der deutschen Bevölkerung streng autoritätsgläubig-konservativ und verehrten ihre Vorgesetzten. Und die Arbeiterbewegung war bereits gespalten.

Vor über fünfzig Jahren – 1939 – begann der Zweite Weltkrieg. Innerhalb von vier Jahren (1935 war die allgemeine Wehrpflicht verkündet worden) war es gelungen, ein Millionenheer aufzustellen und so perfekt auszurüsten, daß es allen europäischen Armeen weit überlegen war.

Wie haben die Vorgesetzten das geschafft – was für Menschen waren diese Vorgesetzten?

Mit Sicherheit waren sie keine Mörder oder Verbrecher. Sie waren vielmehr: exakte, pflichttreue, »verantwortungsbewußte«, streng sachbezogene Organisatoren. Und wie verhielten sich die Mitarbeiter:

gehorsam! (Das Gegenteil wäre nämlich Befehlsverweigerung gewesen!)

Umgang mit Vorgesetzten – wer hätte damals über dieses Thema ein Buch schreiben können!?

Vor über vierzig Jahren – 1949 – wurde vom Parlamentarischen Rat das Grundgesetz der Bundesrepublik ausgearbeitet. Dieses Grundlagenwerk – eine der freiheitlichsten Verfassungen der Welt! – wollte die Erfahrungen der Weimarer Republik und der NS-Zeit berücksichtigen und dazu beitragen, derartige Entwicklungen in Zukunft zu verhindern. Die Zahl der Probleme, die gelöst werden mußten, war natürlich riesengroß.

Dennoch ist es schwer verständlich und tragisch, daß dort kein einziges grundlegendes Wort über die Beziehungen zwischen Vorgesetzten und Mitarbeitern niedergelegt wurde.

War dies ein Bereich, der ausgeklammert werden mußte . . .!?

Die Realität des Verhältnisses zwischen Vorgesetzten und Mitarbeitern aber war damals bestimmt durch die Notwendigkeit des Wiederaufbaus. Es wurde »in die Hände gespuckt« – d. h.: Die Vorgesetzten haben geplant und befohlen, und die Mitarbeiter haben diese Befehle ausgeführt.

Und die Vorgesetzten waren . . .

. . . weitgehend dieselben (erfahrenen!) Männer(!), die bereits 1939 an den Schaltstellen saßen. Und die Art und Weise, Arbeit zu organisieren, war auch die gleiche geblieben: sachlich und perfekt.

So gelang das »Wirtschaftswunder«. Bestand überhaupt eine Notwendigkeit, damals ein Buch über den Umgang mit Vorgesetzten zu schreiben? Wir hatten doch zu arbeiten.

Vor über zwanzig Jahren – 1968/1969 – fand die große geistig-politische Auseinandersetzung mit unserer Gesellschaftsstruktur statt – ausgelöst durch Vietnam, Große Koalition, Springerpresse –, getragen durch die sogenannte APO, die »Außerparlamentarische Opposition«.

11

Ihr geistiges Fundament bildeten hochkomplizierte, spätmarxistisch-soziologische Theorien (vor allem aus der »Frankfurter Schule« mit Adorno, Horkheimer, Marcuse u. a.). Die aktive Auseinandersetzung mit den etablierten Mächten wurde vornehmlich von Studenten getragen. Es gab dabei recht »dynamische Szenen« (Farbbeutel, Eier, Vorlesungsstreiks usw.).

Auch hier ging es um Vorgesetzte; das waren zunächst (für die Studenten) die Professoren. Konkret ging es um die Beseitigung der alten »Ordinarien-Privilegien« – um Mitbestimmung, Drittel-Parität usw.

Aber keiner der Akteure (etwa Rudi Dutschke oder gar Fritz Teufel) hätte ernsthaft in einem Buch über den Umgang mit Vorgesetzten gelesen. Diese Gedanken wären ihnen zu unpolitisch und zu wenig theoretisch fundiert erschienen. Es mußte damals ja über die spätkapitalistische Gesellschaft in ihrer grundsätzlichen Struktur nachgedacht werden . . .

In ihrem realen Umgang mit Vorgesetzten – d. h. mit Professoren – aber war diese Bewegung äußerst intolerant.

Ich glaube daher nicht, daß diese Generation für unser Thema eine Antenne hatte.

Im vorletzten Jahrzehnt – 1974 bis 1979 – wurden die grundlegenden Theorien über Führungsprobleme in der westlichen Industriegesellschaft veröffentlicht (siehe die Werke von *Likert*; Mc Gregor mit »Theorie X ./. Theorie Y«; *Blake/Mouton* mit dem »GRID-System«; in Deutschland das »Harzburger Modell«). Auch hatten in diesen Jahren die meisten Großunternehmen Führungsgrundsätze eingeführt, die das Verhalten von Vorgesetzten und Mitarbeitern regeln sollten. In Deutschland gab es damals etwa in hundert Unternehmen derartige Grundsatzerklärungen. Das Zentrum dieser Theorien bildete in der Regel das Konzept des sogenannten »kooperativen Führungsstils«, das die Selbständigkeit der Mitarbeiter fördern sollte.

Aber: In allen diesen Führungstheorien findet sich kein Wort über die Fragen dieses Buches – nämlich: Wie die Beziehung zum Vorgesetzten aus der Sicht der Mitarbeiter entwickelt werden kann.

In den letzten Jahren – seit Erscheinen dieses Buches – habe ich sein Thema als Bestandteil von zahlreichen mehrtägigen Seminaren und als Hauptbestandteil in speziellen Volkshochschul-Abendkursen behandelt. Die Teilnehmer zeigten in jedem Falle ein sehr starkes Interesse, Aufgeschlossenheit und Respekt gegenüber dieser Thematik. Die stärksten positiven Effekte traten ein, wenn das Thema als Teilbereich im Rahmen eines umfassenden und mehrtägigen Seminars über Führungs- und Kommunikationsfragen behandelt werden konnte.

Das Thema bedarf offensichtlich einer sinnvollen Einbettung in das Gesamtspektrum ähnlicher Probleme. Bei Abendseminaren ist diese Integration schwerer zu erreichen. Es gab dort ebenfalls manche Erfolge; es gab aber auch übereilte Reaktionen und teilweise unrealistische Erwartungen. Die Methoden solcher Abendseminare müssen also noch präziser entwickelt werden.

Das war ein Rückblick auf zweihundert Jahre »Umgang mit Vorgesetzten« – offensichtlich kein Thema für strahlende Sieger. Darum möchte ich vor diesem Hintergrund einige Schwerpunkte über die heutige Beschäftigung mit diesem Problem herausstellen.

Fünf Bemerkungen

Die *erste Bemerkung* betrifft die *Realisierbarkeit des Konzeptes*. Viele Menschen – auch: Leser/innen – denken mit Schrecken an ihren Vorgesetzten. Sie glauben, »den könnte man doch nie ändern«. Sie tun also gar nichts.

Andere probieren es nach kurzer, oberflächlicher Lektüre von wenigen Seiten und erleben Mißerfolge. Ich hörte dies sogar von einem Teilnehmer eines Volkshochschulkurses, der nach der zweiten Stunde sofort und mit vollem Elan bei seinem Vorgesetzten »auf den Tisch haute« und »klar Schiff« machte; das Ergebnis war natürlich negativ . . .

Dazu möchte ich folgendes sagen:

● Wir wollen nicht den gesamten Charakter eines Vorgesetzten ändern – davon ist nirgends die Rede! –, sondern wir wollen in bestimmten, wichtigen Angelegenheiten eine positive Wirkung auf ihn ausüben.

● Eine solche, positive Einwirkung ist durchaus möglich, allerdings nicht mit einer blindlings ablaufenden Kurzschlußhandlung.

Umgang mit Vorgesetzten ist ein sehr komplizierter, schwieriger Vorgang, der nur mit exakter Vorbereitung und präziser Zielsetzung usw., usw. durchgeführt werden kann. Er ist so kompliziert wie die Beherrschung einer modernen technischen Anlage.

Davon handelt dieses Buch. Und wer diese Gedanken verwirklichen will, muß sich damit Mühe geben. Unter diesen Voraussetzungen sind allerdings beachtliche Erfolge möglich.

Die *zweite Bemerkung* betrifft die *Wechselwirkung* des Vorgesetzten-Problems mit anderen, wichtigen Lebensbereichen. Unser Verhalten gegenüber Vorgesetzten steht in unserem Leben nicht isoliert da, sondern hat viele Querverbindungen zu wesentlichen anderen Lebensbereichen wie Gesundheit, Liebe, Familie, Freundschaften.

Ein gelungenes Gespräch mit dem Vorgesetzten hat erhebliche Rückwirkungen auf meinen Kreislauf, meinen Schlaf, meine Kontakte oder auf meine kreativen Fähigkeiten. Es kann indirekt einen Konflikt mit einem wichtigen Menschen dämpfen.

Und umgekehrt: Die nicht bewältigten Spannungen mit dem Vorgesetzten machen mich krank und reizbar; die familiären Krisen schaukeln sich dann hoch.

Betrachten Sie unser Thema daher niemals isoliert, sondern immer im Gesamtzusammenhang Ihrer derzeitigen Lebenssituation. Es kann sein, daß Sie dann zu dem Entschluß kommen, zunächst einmal Ihre persönlichen Konflikte zu klären, ehe Sie das Thema »Vorgesetzter« anschneiden.

Umgekehrt aber möchte ich Sie auch ermutigen, falls notwendig, zunächst einmal das Vorgesetzten-Problem anzupacken, um dadurch Freiraum und Kraft für andere Bereiche zu gewinnen.

Die *dritte Bemerkung* bezieht sich auf die seit Jahren andauernde *Massenarbeitslosigkeit* (ca. zwei Millionen Arbeitnehmer und 8 bis 10 Prozent der Beschäftigten). Oft werde ich gefragt, ob angesichts der hohen Arbeitslosigkeit ein aktiver und mutiger Umgang mit Vorgesetzten, wie er in diesem Buch dargestellt wird, überhaupt möglich ist.

Gewiß müssen wir berücksichtigen, daß die hohe strukturelle Arbeitslosigkeit einen rückwirkenden Druck auf jeden einzelnen Arbeitsplatz ausübt. Der Vorgesetzte hat zweifellos mehr Macht, wenn er damit rechnen kann, daß jeder Mitarbeiter leicht durch einen nachdrängenden Arbeitslosen ersetzt werden kann. Die »industrielle Reservearmee« der Arbeitslosen hat eine beträchtliche Wirkung auf alle anderen Arbeitnehmer; der indirekte Druck auf Disziplin und Leistung ist erheblich. Das ist ja auch der schlimmste gesellschaftspolitische Effekt der Dauerarbeitslosigkeit.

Dennoch lautet die Wahrheit, daß eben *nicht jeder* Arbeitnehmer in Gefahr steht, entlassen zu werden. Der Druck und die Sorge sind zweifellos groß, aber die reale Gefahr ist im individuellen Einzelfall oft gering. Viele Arbeitnehmer brauchen keine reale Angst vor Kündigung zu haben: Sie sind z. B. durch langfristige Verträge abgesichert, und oft sind sie seit Jahren eingearbeitet und schwer zu ersetzen. Und dennoch haben sie Angst vor ihrem Vorgesetzten.

Ängste und Realität stehen oft in einem Gegensatz. Gerade Kollegen, die eine besonders gute Leistung bringen oder besonders gute Positionen haben, entwickeln die größten Ängste vor ihren Vorgesetzten. Und die allergrößten Ängste besitzen die mittleren und höheren Führungskräfte.

Natürlich sollte jeder, der eine real (!!) schwache Berufsposition hat, Vorsicht walten lassen. Aber: Das gesellschaftliche Phänomen »Arbeitslosigkeit« sollte nicht zur Begründung dienen, um die notwendigen Gespräche mit dem Vorgesetzten zu vermeiden. Es ist ja auch gar nicht wahr, daß der hier geschilderte Umgang mit Vorgesetzten meine Position verschlechtert – im Gegenteil!

Allerdings ist es wichtig, daß sich jeder ernsthafte Leser dieses Buches mit dem gesellschaftspolitischen Skandal der Massenarbeitslosigkeit beschäftigt. Die Tatsache, daß bei hohen Wachstumsraten und steigenden Unternehmensgewinnen die Arbeitslosigkeit nicht entscheidend verringert wird, ist ein politisches Problem ersten Ranges.

Die vierte Bemerkung betrifft die Auswahl und Schulung von höheren Vorgesetzten. Zu diesen Fragen habe ich im Abschnitt 4.1 (»Können Vorgesetzte auch Vorbild sein?«) und im Abschnitt 3.5 (»Manager«: über deren Grundphilosophie) sehr deutlich meine Meinung gesagt. Diese Anregungen sind für das Arbeitsklima, aber auch für die Effektivität unserer Wirtschaft und Verwaltung von außerordentlicher Bedeutung. Sie sind nicht schädlich und nicht utopisch, sondern sie können großen Nutzen stiften.

Die Kriterien für Auswahl und Bildung von höheren Führungskräften sind derzeit noch in weitem Umfang von veralteten, traditionellen Konzeptionen bestimmt. Die derzeitigen Auswahlkriterien (in erster Linie nach sachlicher Leistungsfähigkeit) sind völlig unzureichend.

Und die Bildung von höheren Führungskräften muß sich endlich damit beschäftigen, eine realistische gesellschaftliche Grundphilosophie bei diesen Menschen zu entwickeln, die sie in die Lage versetzt, komplizierte Prozesse, die in unserer Industriegesellschaft ablaufen, zu verstehen und daraus die notwendigen Folgerungen zu ziehen.

Personen, die für die Auswahl und Bildung von höheren Führungskräften verantwortlich sind, werden vielleicht dieses Buch bzw. diese Abschnitte nicht lesen. Aber die anderen, die es tun, können durchaus auf diese angeblich »Verantwortlichen« eine Wirkung, einen Einfluß ausüben, indem sie über diese Fragen verstärkt diskutieren.

Oder ganz präzise: Es ist sinnvoll, wenn Sie, liebe Leser, sich zunächst einmal selbst mit diesen Fragen, wie die Auswahl und Bildung von Führungskräften aussehen soll, eingehend beschäftigen, daß Sie es mit anderen diskutieren – und dann auch Ihre Forderungen erheben. Dieser Einfluß ist realistisch.

Die *fünfte Bemerkung* betrifft die Anwendung dieser Gedanken in *Bildungsveranstaltungen.*

Hier wende ich mich also an meine Bildungskollegen. Ich begrüße jeden, der sich entschließt, in Seminaren oder Kursen unser Thema »Umgang mit Vorgesetzten« eingehend zu behandeln.

Allerdings glaube ich nicht, daß dies eine Frage der Methodenlehre ist – nach der Melodie: »Welche Übungen führe ich durch?« Es ist vielmehr eine Frage der Bildungs-Grundkonzeption, ob ich dieses Thema für wichtig halte oder nicht!

Dazu habe ich eine Bitte: nämlich, daß Sie einen solchen Seminarteil *präzise* aufbauen sollten. Er bedarf der *sehr genauen* Durchführung und Zielsetzung und der *sauberen* Auswertung der Übungen, Rollenspiele, Gruppenarbeit usw.

Mit ein paar »Wischi-Waschi«-Gefühlen, die von den Teilnehmern nach gruppendynamischem Ritual rasch entwickelt und leicht angesprochen werden können (ich habe das selbst erlebt!), geben wir keine nützliche Hilfe, sondern schaffen nur völlig unrealistische Erwartungen.

»Umgang mit Vorgesetzten« ist ein hochkompliziertes Thema, das auch sehr differenzierte Bildungsvorgänge benötigt.

1. Vorspiele

1.1 Beispiele – mitten aus dem Leben

Stellen Sie sich vor:

Beispiel 1: Sie sitzen in Ihrem Arbeitszimmer. Plötzlich klingelt das Telefon; Ihr Vorgesetzter ist dran: »Können Sie mal eben rüberkommen . . .?«

Beispiel 2: Sie arbeiten an einer Maschine. Plötzlich merken Sie, daß fünf Meter hinter Ihnen Ihr Vorgesetzter steht und Sie beobachtet . . .

Beispiel 3: Sie sind etwas verspätet und müssen am Zimmer Ihres Vorgesetzten vorbei . . .

Beispiel 4: In diesem Vierteljahr soll ein Beurteilungsgespräch zwischen Ihnen und Ihrem Vorgesetzten geführt werden. Seit Wochen warten Sie darauf. Ihr Vorgesetzter rührt sich nicht. Sie sind unter Druck, ob Sie ihn ansprechen und erinnern sollen. Sie gehen aus dem Zimmer. In diesem Augenblick kommt er Ihnen auf dem Flur entgegen. Er strahlt und spricht Sie an: »Einen wunderschönen guten Tag, Herr Meier!! Alles klar heute!?«

Beispiel 5: Sie haben mehrere Wochen intensiv an einer Vorlage gearbeitet, und jetzt übergeben Sie die Ausarbeitung Ihrem Vorgesetzten. Er fängt an, darin zu blättern. Auf einmal stockt er . . .

Was fühlen Sie in diesem Augenblick!?

Versuchen Sie bitte, sich einmal darüber klar zu werden, wie es Ihnen *in diesen Sekunden* geht – ob Sie Spannung oder Entspannung, Freude oder Ärger spüren.

Achten Sie dabei auch auf Ihren *Körper:*

– Wird Ihnen heiß oder kalt?

– Spannen sich Ihre Muskeln an?

– Werden Sie weich in den Knien?

- Wie verändert sich Ihre Gesichtsfarbe, Ihr Puls?
- Und vor allem: Ihre Stimme (wird sie lauter oder leiser, heiserer, spüren Sie einen Kloß im Hals usw.)?

Und dann registrieren Sie, was Sie in diesem Augenblick *denken:*

- Welche Gedanken Ihnen blitzschnell durch den Kopf gehen.
- Ob Sie sich freuen, oder ob Sie denken: »Wie wird das ausgehen?«
- Ob Sie wissen, was Sie sagen wollen, oder ob Ihnen plötzlich kein Argument einfällt.
- Sind Sie wütend auf Ihren Vorgesetzten?
- Denken Sie an Ihr Gehalt – oder an Ihre Kollegen?

Ja: Was denken Sie in diesem Moment?

Vertiefung

Machen Sie sich doch einmal die Mühe, diese Reaktionen genau zu beobachten – vielleicht sogar aufzuschreiben. Wenn Ihnen in den nächsten Wochen ähnliche Situationen begegnen, dann registrieren Sie wiederum genau, wie Sie dann reagieren: Es kann ähnlich sein – es kann aber auch ganz anders verlaufen. Durch diese Beobachtungen gewinnen Sie einen Eindruck von den Reaktionsformen oder Reaktionsmustern Ihres eigenen Verhaltens im Umgang mit Vorgesetzten. Diese Feststellungen bilden für die Lektüre dieses Buches eine wichtige Voraussetzung. Sie werden vor dem Hintergrund Ihrer persönlichen Reaktionsformen die Gedanken und Anregungen dieses Buches wesentlich intensiver verstehen.

Wenn Sie Ihren persönlichen Reaktionsstil gefunden haben, dann lesen Sie einmal die Zusammenfassungen der nächsten Seiten, auf denen einige weitverbreitete Reaktionsformen in allgemeiner Form dargestellt sind. Diese Zusammenfassungen sind freilich recht grob strukturiert und zeigen nicht die Fülle der Einzelheiten, die in Wirklichkeit im Umgang mit Vorgesetzten vorkommen. Ihre persönliche Erfahrung wird also weit vielfältiger und unsystematischer – aber auch: richtiger! – sein als die nun folgende, ziemlich schablonisierte Zusammenstellung. Auch werden Sie wissen, daß im alltäglichen Verhalten oftmals Mischformen dieser vier Reaktionen auftreten.

Sie können aber aus unseren vier Reaktionsformen einige Hauptlinien erfahren, aus denen sich Folgerungen, Stellungnahmen umd Bewertungen ableiten lassen.

Reaktionsform A

Sie fühlen sich gespannt und verkrampft. Sie wissen nicht recht, wie Sie sich verhalten sollen und wie die Sache weitergehen wird.

Sie denken darüber nach, was Sie falsch gemacht haben – oder: Wie Sie sich verteidigen bzw. rechtfertigen können. Sie haben das dumpfe Gefühl, daß das nächste Gespräch zwischen Ihnen und Ihrem Vorgesetzten negativ ausgehen wird.

Sie können in den nächsten Tagen schlecht schlafen; Sie sind unruhig und fühlen sich schwach und zerschlagen. Sie können sich nicht mehr richtig konzentrieren und machen in der Tat erhebliche Fehler.

Diese Spannungen und Bedrückungen können sich noch steigern und zu erheblichen Verkrampfungen und Ängsten führen. Schon der Gedanke an Ihren Vorgesetzten verursacht Schweißausbrüche und eine Leere im Gehirn.

In krassen Fällen möchten Sie am liebsten im Bett liegen bleiben. Sie *sind* krank.

Stellungnahme, Bewertung und Folgerungen

Sie sind ein ganz normaler Mensch. Solche Reaktionen auf Vorgesetzte sind weitverbreitet. Die meisten Menschen in unserer Gesellschaft haben erhebliche Ängste vor Vorgesetzten. Das liegt daran, weil wir niemals gelernt haben, unser Verhältnis zu Vorgesetzten realistisch zu betrachten und den Umgang mit Vorgesetzten so nüchtern zu üben wie Rechnen oder Autofahren.

Ich möchte Sie daher einladen, dieses Buch in aller Ruhe und Abschnitt für Abschnitt – wie ein Lehrbuch für eine Fremdsprache – durchzuarbeiten.

Natürlich liegt für Sie der Schwerpunkt im fünften Kapitel, wo der reale Umgang mit dem Vorgesetzten und die Entwicklung Ihres eigenen Mutes ausführlich behandelt werden.

Aber das zweite und dritte Kapitel bilden doch – auch für Sie! – die Grundlagen, um die Beziehung zwischen Ihnen und Ihrem Vorgesetzten richtig verstehen zu können.

Ich wünsche Ihnen einen guten Erfolg!

Reaktionsform B

Sie sind wütend über Ihren Vorgesetzten. Er ist ein unangenehmer, ein widerlicher Typ – hintenrum und indirekt –, aber freundlich und lächelnd ins Gesicht! Oder Sie denken: Er ist der reine Machtmensch – rücksichtslos und knochenhart –, autoritär und ohne Gefühl für seine Mitarbeiter.

Wenn Sie nachts im Bett liegen, denken Sie nur an diesen Kerl, und dann steigert sich Ihre Wut noch: Sie spüren, was er Ihnen alles angetan hat. Sie haben den Eindruck, daß Sie diese Qualen nicht mehr lange aushalten können und daß Sie möglichst bald die Stellung wechseln müssen.

(. . . aber, wenn Sie ihm morgen auf dem Flur begegnen . . .)

Stellungnahme, Bewertung und Folgerungen

Ihren Ärger über Ihren Vorgesetzten teilen Sie mit den meisten Menschen in unserer Gesellschaft. Wenn Sie anderen Leuten davon erzählen, werden Sie Verständnis und freundliches Kopfnicken (»mir geht es genauso . . .«) finden.

Aber: Dies sind Ihre Gefühle – und die Realität sieht meist doch etwas anders aus. Wenn man als außenstehender, neutraler Beobachter Ihren Vorgesetzten kennenlernen würde, hat man den Eindruck, daß er ein solcher Unmensch – als den Sie ihn empfinden – gar nicht ist. Er wirkt oft sogar ganz normal.

In heutiger Zeit gibt es – ehrlich! – die ganz furchtbaren Führungskräfte, die reinen Machtmenschen oder die perfekten Manipulateure, nur noch ganz selten. Die meisten Unternehmen sind auch im eigenen Interesse bestrebt, solche Personen von Führungspositionen fernzuhalten.

Ihr Gefühl, daß er ein so furchtbarer Mensch sei, ist vielmehr das Ergebnis eines Konflikts, eines negativ verlaufenden Wechselwirkungsprozesses zwischen Ihnen beiden. Es wird auch durch die persönlichen Erfahrungen aus Ihrem Lebenslauf verursacht, die oftmals bewirken, daß Sie die Realität dieses Menschen nicht richtig wahrzunehmen vermögen. Gestört ist vielmehr die *Art des Umgangs* zwischen Ihnen und Ihrem Vorgesetzten (übrigens: das Thema unseres Buches!) – also die *Beziehung* zwischen Ihnen beiden.

Ein Teil Ihrer Wut oder Ihres Ärgers ist also eine sogenannte »Projektion«, die Sie aufgrund Ihrer Lebensgeschichte, Ihrer früheren Erfahrungen mit Autoritätspersonen (z. B. Vater, Lehrer) und Ihrer früheren Vorgesetzten auf ihn richten. Sicher mag an diesem Konflikt auch Ihr jetziger Vorgesetzter Anteil haben – aber die Stärke Ihrer Affekte deutet doch darauf hin, daß Ihre eigene Projektion beteiligt ist.

Ich möchte Sie einladen, in diesem Buch insbesondere die Kapitel zwei und drei sehr sorgsam durchzuarbeiten, um eine fundierte innere Einstellung über die tatsächliche Situation der heutigen Vorgesetzten zu gewinnen. Dann aber sollten Sie sich auch intensiv mit dem fünften Kapitel beschäftigen, denn es wird Ihnen eine wichtige Entlastung bereiten, wenn Sie mehr Mut finden, Konflikte mit Ihrem Vorgesetzten direkt auszutragen.

Reaktionsform C

Unsere fünf Beispiele haben Sie nicht vom Stuhl gerissen. Umgang mit Vorgesetzten ist für Sie kein Problem. Wenn Sie etwas von ihm wollen, dann gehen Sie zu ihm hin – und dann wird das eben geregelt oder nicht geregelt, wie es so kommt. Aber darüber machen Sie sich keine großen Gedanken.

Ein Vorgesetzter ist ein Mensch wie jeder andere auch, und man darf sich nur nicht einschüchtern lassen.

Sie machen Ihre Arbeit und die wird korrekt bezahlt, und wenn er was von Ihnen will, dann soll er doch zu Ihnen kommen.

Stellungnahme, Bewertung, Folgerungen

Man könnte Sie beneiden. Sie haben offensichtlich die richtige Lebenseinstellung gefunden. Nur: Warum sind Sie dann so »grantig«, so kurzangebunden, wenn von Ihrem Vorgesetzten die Rede ist – oder: Wenn er kommt und Ihnen etwas erklären oder sagen will . . .!? Wie kommt es, daß Sie manchmal so »nervös« sind, wenn der Vorgesetzte in Ihre Nähe kommt. Und wenn wir über Ihre Arbeit sprechen, sind Sie auch meistens so unfroh, so ablehnend . . . *Kurzum:* Es scheint nicht ganz wahr zu sein, daß Ihnen Ihr Vorgesetzter so völlig gleichgültig ist. Sie erleben ihn vielmehr als eine lästige Erscheinung, mit der Sie möglichst wenig zu tun haben wollen. Ihre Gleichgültigkeit ist doch in Wirklichkeit: Abwehr, um ihn sich vom Halse zu halten . . . Aber: Im Berufsalltag geht das nicht so einfach. Er ist vorhanden, er hat bestimmte Aufgaben – und er wird vorhanden bleiben.

Ich denke, es kann auch Ihnen helfen, dieses Buch zu lesen.

Reaktionsform D (sehr seltene Exemplare)

Sie spüren in allen diesen Situationen gewisse Spannungen. Sie wissen nicht genau, wie es ausgehen wird, und was Ihr Vorgesetzter in dieser Angelegenheit von Ihnen hält. Ein gewisser Druck, den Sie auch körperlich spüren, ist vorhanden.

Sie ärgern sich auch über Ihren Vorgesetzten (vor allem in Situation Nr. 4 »Beurteilungsgespräch«). Er sollte sich eigentlich anders verhalten – er sollte sich mehr Mühe geben.

Sie machen sich aber auch – blitzschnell! – einige Gedanken, wie Sie die anstehenden Probleme mit ihm besprechen können. Sie legen sich eine – rahmenhafte – Strategie zurecht.

Vor allem aber spüren Sie einen rauschhaften Impuls in sich:

Sie sind *neugierig,* wie das Gespräch mit Ihrem Vorgesetzten in den nächsten Sekunden verlaufen wird. Man kann das ja nicht wissen; kein Mensch kann wissen, wie sich eine Beziehung in den nächsten Augenblicken entwickeln wird. Diese Ungewißheit ist spannend: Wie wird das »Spiel« ausgehen!?

Und außerdem spüren Sie, daß diese Situation zwischen Ihnen und Ihrem Vorgesetzten hinreißend komisch ist. Sie können sich vorstellen, wie diese Szene auf der Bühne, in einer guten Komödie, gespielt wird: Die Zuschauer würden sich biegen vor Lachen.

Jede konkrete Führungssituation ist bühnenreif. Die Beziehung zwischen Vorgesetzten und Mitarbeitern ist häufig so banal und zugleich so makaber – Trauer und Komik sind so eng verbunden! Und Sie spüren die unverbrauchte Komik des täglichen Arbeitslebens . . .

Sie sind Spitze! Sie brauchen für den Umgang mit Ihrem Vorgesetzten eigentlich keine weitere Anregung und keine besondere Förderung. Aber die Lektüre dieses Buches wird Ihre innere Einstellung vertiefen und stabilisieren. Sie werden deutlicher sehen, warum es richtig ist, daß Sie so handeln, wie Sie es bereits tun.

Und wir möchten Sie bitten, dem Gedanken näherzutreten, selbst eine Vorgesetztenfunktion zu übernehmen. Sie werden sich vermutlich dagegen wehren, weil Sie das Spiel durchschauen. Aber bitte – sorry: Gerade solche Menschen brauchen wir für die Vorgesetztenaufgabe. Sie bringen dafür wichtige Voraussetzungen mit. Bitte, überlegen Sie sich das.

Und dieses Buch?

Schenken Sie es anderen: Kollegen, Freunden, Verwandten – und: Ihrem Vorgesetzten!

1.2 Vorbemerkung
Wem und wie das Buch helfen kann

Jeder von uns kennt Probleme mit Vorgesetzten. Viele Gespräche – im Freundeskreis oder an der Theke – drehen sich um dieses Thema. Neben Liebesgeschichten, Kinderproblemen, Sport, Auto und Politik sind die Vorgesetzten unser häufigster Gesprächsstoff.

Dabei können Konflikte mit Vorgesetzten so belastend sein, daß sie uns krank machen oder zerbrechen. Wir wissen heute aufgrund zahlreicher Untersuchungen sehr genau, daß das Verhalten der Vorgesetzten das »Klima« und Arbeitsergebnis ganzer Abteilungen entscheidend beeinflußt.

Wie kann man nun die zahlreichen negativen Einflüsse, die offensichtlich durch Vorgesetzte erzeugt werden, verringern oder gar ausschalten?

Dafür gibt es drei Wege:

Der *erste Weg* wird seit Jahrhunderten von einigen Philosophen und Politikern, die unser Leben grundsätzlich verändern und verbessern wollen, propagiert: Es ist die sogenannte »klassenlose Gesellschaft«, in der es keine Hierarchie-Ebenen mehr gibt. Dort sollen alle wesentichen Fragen im Kollektiv, oder: von der sogenannten »Basis«, oder neutraler gesagt: von der jeweiligen Gruppe getroffen werden.

Die realen Erfahrungen mit solchen Experimenten waren in der Regel ernüchternd – oftmals sogar furchtbar. Es hat sich immer wieder gezeigt, daß aus einer solchen Kollektivgruppe heraus sehr rasch neue Machtstrukturen entstehen, die oftmals schlimmer und brutaler waren als die beseitigten Hierarchien. Das menschliche Machtproblem ist offenbar auf diese simple Weise nicht zu lösen.

Der *zweite Weg* besteht darin, die real vorhandenen Vorgesetzten für ihre Führungsaufgabe zu schulen. In den letzten Jahrzehnten sind in diesem Bereich (Führungskräfte-Training) sehr viele Anstrengungen unternommen worden. Die Erfolge bzw. Ergebnisse dieser Bildungsmaßnahmen, die in der Regel nur wenige Tage dauern (können), sind verschieden und begrenzt. (Im nächsten Abschnitt soll darüber zusammenfassend berichtet werden.) Angesichts einer Zahl von schätzungsweise mehreren hunderttausend Vorgesetzten in der Bundesrepublik kann die Gesamtmenge des negativen Vorgesetztenverhaltens durch diese Schulungen auch nicht annähernd beeinflußt werden.

Bei dieser Problemlage bietet es sich an, den *dritten Weg* stärker und systematischer zu entwickeln: Es sind die Einflüsse, die von Ihnen, also von der unteren Ebene in unmittelbarer Weise auf die Vorgesetzten, also: auf *Ihre* Vorgesetzten ausgeübt werden können. Das ist das Thema dieses Buches!

Wir wollen allerdings dieses Thema nicht pauschal – d. h. mit großen Worten und allgemeinen Formeln (wie: »Jeden Tag ein gutes Werk« oder: »Rauchen macht Spaß«) – behandeln, sondern möglichst differenziert und mit einiger Sorgfalt betrachten, um Ihnen, dem Leser, die exakten Möglichkeiten des Einflusses auf Ihre Vorgesetzten deutlich zu machen.

Ein solches Buch wird das unmittelbare Interesse aller Arbeitnehmer der untersten Stufe, die also selbst keine Vorgesetzten sind, finden. Sie werden zahlreiche Anregungen und – hoffentlich – Stärkung und Ermutigung finden.

Allerdings sollten wir auch die *Grenzen dieses Buches* klar nennen:

Dieses Buch kann *keine Hilfe* bieten für solche Kollegen, die an Ihrem Arbeitsplatz völlig rechtlos der Willkür des Arbeitgebers ausgeliefert sind. Das trifft z. B. zu für Ausländer ohne Aufenthaltsgenehmigung, für zahlreiche Schwarzarbeiter u. ä. Hier gibt es auch in unserer Zeit noch furchtbare Erniedrigungen durch Vorgesetzte.

Sie können nicht durch ein solches Buch verringert werden. Tatsächlich können ja auch die Beteiligten selbst an ihrer Situation wenig ändern, zumal sie keine organisierte Interessenvertretung haben. Hier liegt ein krimineller Dunkelbereich vor, der nur von der Allgemeinheit – also politisch – bekämpft werden kann. Es gibt eben wirklich – um es deutlich zu sagen – in Deutschland noch einen »Sklavenmarkt«.

Außerdem kann dieses Buch *keine direkte Hilfe* geben für alle, die zwar in einem legalen Arbeitsverhältnis stehen, die aber von ihren Vorgesetzten »wie der letzte Dreck« behandelt werden. (Anbrüllen, Verspotten, erniedrigende Arbeiten, Verunglimpfen, sinnlose Arbeiten machen usw.). Der Kampf gegen ein solches brutales Vorgesetztenverhalten, das es auch in heutiger Zeit noch gibt (in welchem Umfang, weiß kein Mensch; die Dunkelziffer ist wohl sehr hoch – ähnlich wie beim Thema »Gewalt in der Familie«), dieser Kampf kann nur gemeinsam geführt werden: durch Gewerkschaften, Betriebsräte sowie in Solidarität mit der eigenen Arbeitsgruppe (die allerdings oft nicht vorhanden ist!). Jeder, der von seinem Vorgesetzten derartig behandelt wird, sollte unverzüglich mit seiner Gewerkschaft oder falls vorhanden mit seinem Betriebsrat sprechen und sich dort Rat und Hilfe holen.

Ob dann allerdings in derselben, drastischen Weise geantwortet werden muß, ist doch sehr fraglich. Das Sprichwort: »Auf einen groben Klotz gehört ein grober Keil« stammt nicht aus heutiger Zeit und muß nicht für heutige Arbeitssituationen richtig sein. Um langfristig eine Änderung im Verhältnis zum Vorgesetzten zu erreichen, sind in der Regel kompliziertere Überlegungen und Vorgehensweisen, die wir in diesem Buch darstellen werden, notwendig. Auch ist nicht jeder Vorgesetzte, der herumschreit oder sich kraß daneben benimmt, ein entschlossener Bösewicht oder gar ein brutaler Unmensch. Oft – meistens! – ist er ein sehr verunsicherter Mensch, der selber unter starkem Druck steht. Wir sollten ihm zwar nicht »in den Hintern kriechen« – aber wir sollten eine zwar deutliche, jedoch differenziertere positive Strategie des Umgangs anwenden.

Dieses Buch kann *abgelehnt* werden von manchen Kollegen, die meinen, sie hätten keine Probleme mit Vorgesetzten – das sei ein Märchen aus früheren Zeiten –, ihre Vorgesetzten seien angenehm, aufmerksam und ausgeglichen.

Wir möchten jedem Kollegen solche Vorgesetzten wünschen. Oftmals liegt hier aber eine beträchtliche Wahrnehmungstäuschung vor. Die tatsächlichen Konflikte, Beeinträchtigungen und Übergriffe werden nicht erkannt. Ein harmonisches Weltbild läßt den Blick auf die realen Probleme nicht zu. Diese Kollegen möchten wir einladen, in diesem Buch einmal Probe zu lesen – vor allem in den Kapiteln 2, 3 und 4. Lassen Sie diese Gedanken einfach auf sich wirken. Vielleicht werden Sie eines Tages merken, daß es auch Ihre Probleme sind, die dort geschildert werden.

Andere Kollegen, die ein oder zwei *handfeste Rezepte,* Patentrezepte also, für den Umgang mit Vorgesetzten suchen, werden von diesem Buch *enttäuscht* sein. Aber die Beziehung zum Vorgesetzten ist ein hochkomplizierter Vorgang (wie übrigens jeder andere wichtige Lebensbereich auch), der nicht einfach durch simple Anweisungen bewältigt werden kann. Wir möchten Sie also einladen, dieses Buch mit einer gewissen Anstrengung durchzuarbeiten – nur dann kann es nützlich sein.

Die *Vorgesetzten* hingegen werden ein solches Thema mit Skepsis, mit Abwehr, vielleicht sogar mit Unverständnis oder Gegnerschaft betrachten. Diese Gefühle mögen aus dem unmittelbaren Erleben, das die Vorgesetztenebene mit sich bringt, verständlich sein.

Aber: Auch Vorgesetzte haben selbst wiederum ihre Chefs! Wir wissen sehr genau, daß gerade die mittlere und höhere Führungsschicht – aber auch die Meister und Gruppenleiter – sehr stark unter dem Verhalten ihrer eigenen Vorgesetzten leiden. In Beratungsgesprächen, aber auch in Führungsseminaren und Klausurtagungen mit Führungskräften liegt sogar der Schwerpunkt der Probleme und Konflikte in Richtung auf die nächsthöhere Ebene, also auf die Vorgesetzten dieser Führungskräfte. Auch diese Personengruppe leidet also intensiv unter ihren »Chefs«. Vielleicht ist es daher auch für Führungskräfte der mittleren und höheren Ebene nützlich – oder sogar: persönlich hilfreich! – dieses Buch zu lesen.

Dieser Text ist nicht auf einen bestimmten Bereich – etwa auf Vorgesetzte in staatlichen Institutionen oder auf Handwerksmeister – ausgerichtet. In heutiger Zeit gibt es Vorgesetzte und

die damit verbundenen Machtprobleme in *allen* Arbeitsberei-
chen: in der Industrie, im Handel, aber auch im Handwerk, natürlich in den staatlichen Institutionen, bei der Bundeswehr und
im Bildungsbereich.

Sicher können (und sollten!) die speziellen Gesetzmäßigkeiten
der Vorgesetzten-Mitarbeiter-Beziehung für die verschiedenen
Arbeitsbereiche noch im einzelnen herausgearbeitet werden;
eine bereichsmäßige Präzisierung unseres Themas wäre also
dringlich. Umgang mit Vorgesetzten verläuft ohne Zweifel in einem Handwerksbetrieb ganz anders als in einem riesigen Kaufhaus oder in einer Forschungsabteilung bzw. am Fließband.

Dennoch bleiben die Grundprobleme, die in diesem Buch herausgearbeitet werden, für alle arbeitenden Menschen wesentlich: Es geht um Macht und Abhängigkeit und in erster Linie um
den Mut, die auftretenden Probleme im Umgang mit Vorgesetzten überhaupt erst zu erkennen und in aktiver Weise zu lösen.

Dieses Buch erfordert also vom Leser eine gewisse, bewußt auf
sich zu nehmende Mühe. Es ist keine simple Rezeptsammlung
für hemdsärmelige Taktiken.

Wer nicht lange warten will, mag sofort mit Kapitel 5 (»Der reale
Umgang mit Vorgesetzten«) beginnen. Aber er wird dann überall »schwimmen« und ein Verhalten einüben, das ohne Hintergrund und Fundament ist.

Wenn Sie die hochkomplizierte Aufgabe, mit dem eigenen Vorgesetzten besser umzugehen, richtig bewältigen wollen, ist es
schon nützlich, wenn Sie sich darüber Gedanken machen, wie
die Vorgesetztenrolle überhaupt entstanden ist und wie sie funktioniert (Kapitel 2); wie in heutiger Zeit die Entwicklung der Vorgesetzten auf den verschiedenen Ebenen verläuft (Kapitel 3);
und welche reale Macht die Vorgesetzten in heutiger Zeit überhaupt haben (Kapitel 4).

Aus diesen Grundlagen heraus lassen sich die Strategien des
Umgangs erst sinnvoll und fundiert ableiten (Kapitel 5).

Vom Nutzen dieses Buches

Gewiß werden – wie schon erwähnt – manche Vorgesetzte und
auch manche (konservativen) Zeitgenossen glauben, ein solches Buch sei schädlich. Der Bestand des christlichen Abendlandes oder unsere freiheitliche Wirtschaftsordnung sei dadurch gefährdet. Na ja, wenn sie das glauben . . . Wir müssen

solche Meinungen aushalten, aber auch diese Gegner werden vielleicht zugeben, daß es ein faires Buch ist – gerade auch im Umgang mit den Vorgesetzten.

Worin aber kann der Nutzen liegen?

Dafür wollen wir einmal eine Nutzen-Schaden-Analyse der Wirkungen von Vorgesetzten aufstellen. Sie wird selten vorgenommen und kann auch nicht simpel zahlenmäßig-empirisch nachgewiesen werden. Wir müssen uns also auf Schätzungen verlassen.

Mit Sicherheit erzeugen Vorgesetzte in einem gewissen Ausmaß *Nutzen:*

Sie treffen manche richtigen Entscheidungen (in der Produktion, im Organisatorischen, aber auch im Umgang mit Menschen), sie ergreifen positive Initiativen, sie setzen die richtigen Ziele, sie treten für eine Sache ein, sie führen die Sache zum Erfolg.

Oft aber ist der Erfolg gar nicht ihr Anteil, sondern beruht auf der Leistung und den Gedanken der Mitarbeiter oder anderer Abteilungen; oft ist es eine günstige Verkaufs- oder Wechselkurssituation, die dann als persönlicher Erfolg erscheint. Gleichwohl: Es gibt *Nutzen* durch Vorgesetzte; er mag beträchtlich sein – aber: Er ist schwer festzustellen.

Daneben – das sollten wir auch erwähnen – gibt es erfahrungsgemäß sehr viele Handlungen von Vorgesetzten, die *nutzlos* sind. Sie erzeugen zwar keinen Schaden, aber sie nützen auch nichts. Dazu gehören unendlich viele Routine-Alltagstätigkeiten, Besprechungen, Papierkram usw.

Und schließlich gibt es den *Schaden,* den Vorgesetzte anrichten. Er richtet sich zunächst auf die Mitarbeiter. Dazu gehören die vielen Vorgesetztenhandlungen, durch die die Mitarbeiter angegriffen, verunsichert, unselbständig behandelt, frustriert und demotiviert (entmutigt) werden. Diese Übergriffe in den Arbeitsbereich der Mitarbeiter sind Alltag – realer, bitterer Alltag, und zwar auf allen Ebenen.

Weiterer schwerer Schaden wird angerichtet durch Sympathie und Antipathie, durch Fehleinschätzungen und falsche Beurteilungen, Beförderungen und Gehaltserhöhungen oder -verweigerungen sowie natürlich durch »Klüngelei«. Das sind weitverbreitete Verhaltensweisen.

Auf der Sachebene gibt es Fehlentscheidungen, Festhalten an falschen Lösungen, Sturheit und fachliche Inkompetenz. Und besonders schwerwiegender Schaden wird angerichtet durch die sogenannte (Abteilungs-)»Politik«. Das ist bekanntlich eine Egozentrik höheren Grades; dafür werden ganze Bereiche umorganisiert, um die Position und die Machtmittel und die Zahl der Mitarbeiter dieses Vorgesetzten zu erhöhen.

Wenn wir alle diese negativen Wirkungen zusammenfassen, wird deutlich, daß der *Schaden,* der durch Vorgesetzte angerichtet wird, *außerordentlich* hoch ist. Ich schätze, daß er 30 Prozent der Arbeitskraft der Mitarbeiter ausmacht, daß also schätzungsweise 30 Prozent der Leistungen der Mitarbeiter durch Vorgesetztenhandlungen vernichtet, verhindert oder in falsche Bahnen gelenkt wird. Wenn ich diese Schätzung sage, werde ich oft heftig angegriffen: Die meisten Leute sind überzeugt, daß dieser Anteil weit höher liegt. Wir können es nicht beweisen.

Aber das bedeutet doch: Wir könnten die wöchentliche Arbeitszeit um ein Drittel senken (oder die Produktivität um ebensoviel steigern –, aber wer will das schon), wenn es uns gelingt, den Schaden, den Vorgesetzte anrichten, auszuschalten. Das ist eine ungeheuerliche Einsicht. Und hier liegt auch die Position dieses Buches: Wenn es uns gelingt – nachdem Führungskräfteschulung nur einen begrenzten Effekt haben kann –, wenn es uns also gelingt, das Vorgesetztenproblem durch unsere eigene Kraft besser zu lösen, entsteht *beträchtlicher Nutzen.* Das ist der positive Kern.

Wir müssen uns sogar fragen, wer von dem Ergebnis einen Vorteil haben sollte. Viele werden sagen: die Arbeitnehmer. Ich halte eine solche Lösung für einseitig. Wir sollten uns vielmehr den eingesparten Brocken von dreißig Prozent teilen:

– zehn Prozent an die Arbeitnehmer, das wäre die volle 35-Stunden-Woche;

– zehn Prozent an die Unternehmer, das wäre ein gewaltiger Gewinn; und

– zehn Prozent an mich.

Ich danke dem Leser dieses Buches für sein Einverständnis.

1.3 Führungskräfteschulung als Lösung?

1.3.1 Umfang dieser Schulungsveranstaltungen

Wir können davon ausgehen, daß derzeit Großunternehmen mit etwa 100 000 Beschäftigten jährlich 20 bis 50 Seminare zum Thema »Menschenführung« (oder: Führungsstile, Führungstechniken, Führungsverhalten u. ä.) für ihre Vorgesetzten während der Arbeitszeit durchführen. Das ist zweifellos eine außerordentliche Leistung – nicht nur bildungsmäßig-geistiger Art, sondern auch aufgrund der Kosten (meist mit auswärtiger Unterbringung) und der ausgefallenen Vorgesetztenarbeitszeit. Wenn wir aber diese 20 bis 50 Seminare – mit jeweils ca. 20 Teilnehmern – auf die Gesamtzahl der Führungskräfte umrechnen, ergibt sich folgendes: In einem solchen Großunternehmen gibt es auf der untersten Führungsebene (Meister, Schichtführer und Gruppenleiter mit etwa zehn Mitarbeitern) etwa 10 000 Personen – dazu kommen noch mindestens 4000 mittlere Führungskräfte (Betriebsleiter, Abteilungsleiter o. ä.). Für diese 14 000 Führungskräfte werden also bei optimalem Bildungseinsatz etwa vierhundert bis tausend Seminarplätze jährlich angeboten – das sind drei bis sieben Prozent aller Vorgesetzten. Innerhalb von fünf Jahren haben also bei einem solchen, sehr hohen Bildungsaufwand lediglich 15 bis 35 Prozent der Führungskräfte Gelegenheit, an einem solchen einwöchigen Seminar teilzunehmen. Der Rest (65 bis 85 Prozent) muß warten oder geht leer aus.

Das sind die optimalen Zahlen bei sehr günstigen Bildungsbedingungen, wie sie etwa in Großunternehmen, in Kaufhauskonzernen oder in den großen Institutionen des Staates (Bundespost, Bundesbahn, Ministerien usw.) verwirklicht werden können. Die Mehrzahl der Beschäftigten (etwa 65 Prozent) arbeitet aber in kleineren Betrieben, wo diese Bildungsmaßnahmen keineswegs so systematisch und mit solchem Aufwand angeboten werden. Dort müssen wir bestenfalls mit der Hälfte des Bildungsumfangs rechnen – also etwa 10 bis 30 Seminare jährlich auf 100 000 Beschäftigte. Wir können somit annehmen, daß im Bundesgebiet etwa ein bis fünf Prozent aller Vorgesetzten an einem einwöchigen Führungsseminar teilnehmen. Vom Umfang her ist also diese Schulung von Vorgesetzten sehr begrenzt.

1.3.2 Ziele, geistiger Standort und Effektivität dieser Bildungsveranstaltungen

Viele Arbeitnehmer haben eine recht skeptische Meinung über diese Seminare. Sie fürchten oder glauben, daß die Vorgesetzten dort geschult werden, um ihre Mitarbeiter besser »manipulieren« zu können, damit sie intensiver und williger arbeiten – noch schärfer: Damit sie besser »ausgebeutet« werden können.

Diese Auffassung ist gewiß nicht aus der Realität abgeleitet, sondern beruht auf Ängsten und Vorurteilen. Die wirklichen Ziele guter Seminare liegen in der Tat auf einem ganz anderen Feld und haben mit »Manipulation« und »Ausbeutung« wenig zu tun (siehe unten).

Allerdings gibt es durchaus Seminare, die einseitig die Position des Vorgesetzten stärken. Die krasseste Position nehmen die seit einiger Zeit angebotenen sogenannten »Macchiavelli«-Seminare ein. Dort werden die Teilnehmer geradezu unverblümt auf die tieferen Weisheiten des weltbekannten Zynikers und Fürstenberaters eingeschworen. Aber das ist sicher eine makabre Ausnahme im gesamten heutigen Bildungsangebot.

Weitverbreitet sind Rhetorikseminare. Es sollte kein Zweifel daran bestehen, daß sie äußerst einseitig die Position des Vorgesetzten stärken. Er lernt dort, den Mitarbeitern etwas nahezubringen, und zwar mit den Methoden der Ein-Weg-Kommunikation: Zu Wort kommt der Vorgesetzte – er hält eine Rede! – und der Mitarbeiter hat sich das anzuhören. Der Manipulationscharakter, der rhetorischen Fähigkeiten innewohnt, ist ja bekanntlich sehr hoch.

Die reale negative Wirkung dieser Seminare ist allerdings nicht so beträchtlich, weil ja der durchschnittliche Vorgesetzte gar nicht so viele Reden zu halten hat, und weil er innerhalb einer Woche darin nicht gerade eine gefährliche Perfektion erreicht. Auch erleben die meisten Teilnehmer in positiver Weise, daß sie in diesen Seminaren ihre (weitverbreiteten) Sprechhemmungen überwinden können. In Wirklichkeit erreichen die Rhetorikseminare also eine Selbststabilisierung der Teilnehmer – und darin liegt keinerlei Schaden.

In manchen anderen Führungsseminaren werden »*Techniken*« *des Umgangs* trainiert. Besonders bekannt sind Schulungen in »Argumentationstechnik« sowie in »Fragetechnik«. Diese Seminare können durchaus dazu führen, daß der Vorgesetzte durch seine überlegene Technik den Mitarbeiter manipuliert. Dieser Effekt ist allerdings nicht so beträchtlich, da die meisten heutigen Mitarbeiter das »Spielchen« durchschauen.

Es gibt aber auch Seminare, in denen »Führungs-Techniken« gelehrt werden – z. B.: Loben, Motivieren, Zuhören, Kritikgespräch, Delegieren, Beurteilen usw., usw. Manchmal sind solche Seminare sehr schematisch aufgebaut. Die Vorgesetzten lernen diese »Techniken« gleichsam schablonenartig.

Der Effekt dieser Seminare ist wohl sehr begrenzt; er kann auch schädlich-manipulativ sein. Der negative Ansatz liegt vor allem darin, daß in dem Vorgesetzten ein falscher Glaube an das »Machbare« der menschlichen Beziehungen erzeugt wird, während die Teilnehmer in Wirklichkeit kaum etwas vom Menschen begreifen. Wir erzeugen dadurch Führungs»maschinen« – menschliche Technokraten . . .

Gute Führungsseminare haben ganz andere Ziele und darum natürlich auch einen anderen methodischen Aufbau:

– Die Teilnehmer sollen in erster Linie lernen, den Faktor »Mensch« genauso ernst zu nehmen wie den Faktor »Produktion« (oder den Faktor: »Verwaltung« oder: »Organisation« oder: »Leistung«, »Umsatz« usw., usw.). Es geht also um die geistige Gewichtsverteilung.

  Dieses Ziel ist sehr schwer zu erreichen.

– Die Teilnehmer sollen ferner lernen, daß die menschlichen Probleme genauso kausal (d. h. nach dem Prinzip von Ursache und Wirkung) und genauso kompliziert ablaufen wie die technischen, naturwissenschaftlichen oder kaufmännischen Probleme.

  Sie sollen also lernen, sich Mühe zu geben und sich differenzierte Gedanken im Umgang mit Menschen zu machen.

– Außerdem sollen die Teilnehmer über die Themen »Führen«, »Leistung«, »Arbeit«, »Abhängigkeit«, »Macht« usw. einen durchdachten Standort gewinnen. Sie sollen also eine angemessene Grundphilosophie über ihre Rolle in der heutigen Arbeitswelt gewinnen.

– Und schließlich sollen die Teilnehmer die Fähigkeit gewinnen, über sich selbst, über ihre eigenen Reaktionen intensiv und richtiger nachzudenken – d. h. sie sollen lernen, sich selbst richtiger zu sehen.

Alle diese Ziele sind sehr kompliziert, aber auch sehr wichtig. Die reale Frage lautet, wieviel sich davon in einwöchigen Seminaren erreichen läßt. Meßbare Erfolgskontrollen sind sehr schwierig.

Es gibt also Schulungsmaßnahmen, die ein sehr positives Ziel ansteuern; wir sollten sie achten und weiterentwickeln. Für unser Problem: »Umgang mit Vorgesetzten« aber können wir festhalten, daß die Schulungsmaßnahmen – alleine vom Umfang und von der Häufigkeit her betrachtet, aber auch aufgrund der Schwierigkeit, durch sie positive Ziele zu erreichen – nur eine sehr begrenzte Wirkung haben können.

Wir müssen uns also selbst helfen.

2. Die Vorgesetztenrolle

2.1 Die historische Herkunft der Vorgesetztenrolle

Seit Jahrtausenden besteht die Vorgesetztenrolle in einer unreflektierten Weise darin, Befehle zu geben und Anordnungen zu treffen, die ausgeführt werden müssen. Dazu kommen noch die Planungsaufgaben, die auf die Zukunft bezogen sind: Ziele entwickeln, Tätigkeiten zusammenfassen und die notwendigen Abläufe organisieren.

In früheren Zeiten waren damit aber noch weit schwerwiegendere Machtausübungen verbunden. Der Herrscher hatte Macht über Leben und Tod. Er traf die Entscheidungen über Krieg und Frieden. Er machte Pläne für ganze Reiche, gründete Städte, vergab Eigentumsrechte usw.

Diese umfassende, totale Machtausübung ist also uralt; sie bildet die entscheidende Grundlage der menschlichen Geschichte. Sie wurde in besonders krasser Weise verwirklicht in den Hauptbereichen »Staat«, »Religion« und »Militär«, während sie im wirtschaftlich-kaufmännischen Bereich mehr indirekt in Erscheinung trat.

Wenn wir diese totale Machtausübung, die seit Urzeiten das Vorgesetztenverhalten prägte, nüchtern betrachten, wird klar, daß sie eine Funktion des *Stammhirns,* also der *Urinstinkte* – und nicht des Stirnhirns, also des denkenden Bewußtseins – ist. Es geht um Macht, um Besitz, um Größe, Ansehen und auch oft um Sexualität. Diese Vorgesetztenrolle entsprach also den Gesetzen der Urhorde.

Diese archaische Führungsrolle enthält nun drei zentrale Strukturelemente, die auch in heutiger Zeit noch bedeutsam sind – und aus denen sich die wesentlichen Gefahren und Fehlentwicklungen des heutigen Vorgesetztenverhaltens ableiten lassen:

1. *Sie war einheitlich:* Es gab keine Gewaltenteilung. Der Herrscher konnte und durfte: alles!

Er durfte planen und Utopien entwickeln; er durfte Anweisungen geben, organisieren, bestrafen und begnadigen – ehren und verstoßen!

2. *Sie wurde legitimiert durch den Erfolg:* Richtig hatte gehandelt, wer Erfolg hatte.

Dieses Kriterium war einleuchtend. (Es bestimmt ja noch heute das Weltbild vieler – konservativer – Historiker!)

Wer aber Mißerfolg hatte – wem das Reich zerfiel –, der war ein Schwächling, ein Versager. (So einfach ist also der bisherige Berufserfolg als Auswahlkriterium für Führungskräfte. Man nennt das heutzutage »Menschenkenntnis«.)

3. *Die Vorgesetztenrolle wurde legitimiert durch das Über-Ich:* Der Herrscher war umgeben mit den großen, schönen, hehren Worten, mit den Normen, den Fahnen und den Göttern. (Die Verbindung von Thron und Altar.)

In den Urgesellschaften bedeutete dies, daß die Position des Herrschers abgeleitet wurde von den Göttern oder vom Weltgeist.

In fortgeschrittenen Gesellschaften bilden die ethischen Normen das tragende Gerüst – die »guten alten« Werte und Tugenden. Und gerade dadurch wurde die bereitwillige Disziplinierung der Untertanen und Mitarbeiter erzielt.

In unserem westlichen Kulturbereich (Europa und Nordamerika) entwickelten sich die Vorgesetztenrollen vorwiegend in vier Gesellschaftsschichten:

– im Adelsstand (Fürsten und niederer Adel);

– im militärischen Bereich (Generäle und Offiziere – in der Regel aus dem Adelsstand stammend);

– in der kirchlichen Hierarchie, und

– im Handwerk (Meister).

In allen diesen Bereichen gab es im sogenannten »dienstlichen« Bereich nur das Verhältnis zwischen Befehl und unbedingtem Gehorsam. Widerworte wurden als Auflehnung empfunden; nur besonders privilegierte Personen (mit hohen Spezialkenntnissen, ferner Künstler und Narren) hatten gewisse Freiräume. Außerdem besaßen die Vorgesetzten – also: die Adligen, die Offiziere, Kirchenfürsten und die Handwerksmeister – im »dienstlichen« Bereich das unangefochtene Recht der Kontrolle und der Bestrafung bei Fehlern und Zuwiderhandlungen (bis hin zu Karzer und Spießrutenlaufen). Während der Arbeitszeit befand sich der Untergebene also in fast vollständiger Abhängigkeit. Auch bestimmte alleine der Vorgesetzte die Länge der Arbeitszeit und die Entlohnung.

Es kommt aber noch ein anderer Faktor hinzu, nämlich das sogenannte »patriarchalische Verhalten«. Auch dies ist ein uraltes, Jahrtausende währendes Phänomen. Schon im Alten Testament wird die Beziehung Gottes zu seinem Volk durch diese patriarchalische Kategorie bestimmt:

> Gott belohnt den,
> der zu ihm hält . . .

Und das grausige Gegenteil heißt: Er läßt den fallen, er vernichtet den Menschen, der sich von ihm abwendet. »Sünde« heißt ja im Wortstamm »Absonderung« – wenn der Mensch sich also von seinem Gott, von seinem Herrn abwendet.

Dies ist demnach das schlimmste Verbrechen: Wenn der Untergebene Dinge sagt und tut (und schreibt), die der Herr als undankbar empfindet – kurzum: Wenn er unliebsam ist. Der patriarchalische Führungsstil beruht also darauf, daß der Vorgesetzte seinen Mitarbeiter belohnt für Wohlverhalten. Patriarchalisches Verhalten beruht somit auf der Abhängigkeit der unteren Ebene – während die Vorgesetztenebene die Wohltaten aus Gnade (nicht: aus Rechtsanspruch) vergeben darf. Wichtig ist: Diese Beziehung ist nicht umkehrbar!

Es gibt nun zahlreiche solcher »Wohltaten«:

– Die weitverbreitetste und simpelste ist natürlich das Geld. Besondere Zuwendungen und Geschenke – in heutiger Zeit: die individuelle Gehaltserhöhung, die Sonderzahlung (die vertraulich behandelt werden soll), die außertariflichen Zulagen. Diese Zuwendungen werden natürlich aus den genannten Gründen von gewerkschaftlicher Seite mit Skepsis betrachtet.

– Uralte Traditionen haben Geschenke im Bereich des Wohnens. Hochverdiente Fürstenfreunde erhielten früher einen kleinen Landsitz (das ist heute leider auf die Größenordnung von Darlehen für Bungalows geschrumpft). Aber auch die Hilfen, die durch das Wohnen in firmeneigenen Arbeitersiedlungen von Großunternehmen Anfang dieses Jahrhunderts und auch nach dem Zweiten Weltkrieg gegeben wurden, zählen in diese Kategorie, denn sie sind Gnadenakte, die Abhängigkeit schaffen.

— Ferner waren Unterstützungen bei der Altersversorgung ein wesentlicher Bestandteil dieses Führungsstils. Im Extremfall beruht darauf ja das System der »Pensionsberechtigung« bei den Staatsbeamten, das nur in einem außerordentlich patriarchalisch geführten Staatswesen entstehen konnte.

— Und schließlich sollten wir die zahlreichen allgemeinen »Wohltaten« erwähnen, wie: angenehmere Arbeitsbedingungen, besserer Arbeitsraum, Dienstreisen, Telefonbenutzung, Dienstwagen usw. Die Fülle solcher Wohltaten ist also riesengroß — auch in heutiger Zeit!

Wichtig ist aber der Grundsatz dieses Stils: Diese Wohltaten erhält, wer sich würdig gezeigt hat, und: Er sollte dafür dankbar sein. Sie sind also keine Selbstverständlichkeit und kein erworbenes Recht, sondern immer: eine Gnade.

Ein unliebsamer Zeitgenosse — ein aufmüpfiger Mensch — wird sie nicht erhalten. Die Voraussetzung ist also Wohlverhalten und Dankbarkeit.

Die Macht der Vorgesetzten in früheren Jahrhunderten beschränkte sich aber keineswegs auf den sachlich-»dienstlichen« Bereich. Sie griff vielmehr in weitem Umfang auf das gesamte *Privatleben* über:

— Die Herrschenden bestimmten, wo die »Leute« zu wohnen und wie sie zu leben hatten;

— oftmals wurden ihre Liebesbeziehungen kontrolliert — oder die Eheschließung mußte durch den »Herrn« genehmigt werden.

Und in vielen Fällen — vor allem auf dem Lande — war der »gnädige Herr« zugleich auch der Gerichtsherr, der über Recht und Ordnung, über Strafen und Eheschließung zu bestimmen hatte.

Alle diese Machteinflüsse der herrschenden Schichten aber waren eingebettet in ein System von großartigen, klangvollen, ethischen Regeln. Von den Untergebenen wurde Pflichterfüllung, Treue, Einsatzbereitschaft, Opfer, Bescheidenheit (»Gürtel enger schnallen«) und Nächstenliebe erwartet. Und Gott selbst war es, der dieses Verhaltenssystem heiligte und schützte.

Aus dieser Tradition kommen übrigens wir alle. Und wir alle haben noch das unausgesprochene, warme Gefühl, daß diese Gedankenwelt gut und schön und richtig war.

Und mit dieser, geradezu selbstverständlichen Auffassung von der Vorgesetztenrolle begann Ende des 18., Anfang des 19. Jahrhunderts auch das *Industriezeitalter*.

Die Arbeitsbedingungen der ersten Industriejahrzehnte sind bekannt. Die Entlohnung war minimal, die Arbeitszeit betrug täglich zwölf Stunden, die Arbeitsbedingungen waren von unvorstellbarer Härte.

Die Gedanken und Rituale der Vorgesetztenrolle aber waren seit Jahrhunderten vorhanden und brauchten nur übernommen zu werden. Aus diesem Geiste heraus entwickelte sich die Arbeitswelt des frühen 19. Jahrhunderts, die natürlich in Übereinstimmung mit den Macht- und Gesellschaftsstrukturen des Staates und der herrschenden Schichten stand. Ein Nachdenken darüber, wie man sich als Vorgesetzter zu verhalten habe – eine Reflexion über die Führungsrolle –, gab es damals überhaupt nicht.

Diese Rollenvorstellungen gingen dann im Laufe des 19. Jahrhunderts in die ersten, klassischen Theorien des Managements über, wie sie z. B. der amerikanische Soziologe *Leavitt* beschreibt:

> »Seit die frühesten klassischen Theorien auftauchten, war Autorität ein zentrales Thema in den Strukturvorstellungen des Managements. Seit dieser Zeit haben westliche Strukturmodelle die Bedeutung von Faktoren wie Anordnungen, Disziplin und Autorität für die Unternehmensstruktur besonders hervorgehoben. Zu Beginn leiteten die Strukturplaner ihre Vorstellungen aus dem militärischen Bereich ab; auch heute findet man noch in vielen amerikanischen großen Unternehmen die gleichsam militärische Note.«
>
> (Aus: Harold J. Leavitt: Grundlagen der Führungspsychologie, München 1979, S. 383)

In der Boomphase (Gründerjahre) Mitte bis Ende des 19. Jahrhunderts entstanden dann die ersten Großunternehmen, die nun auch ihre eigene Philosophie über das Verhältnis von Führungskräften und Arbeitern entwickelten. Die damalige Welt mag folgende Schilderung erläutern:

> »Stellen Sie sich Amerika um 1900 vor: eine Welt, reif für Organisationen, die nur ein großes Ziel kannten: Produktivität. Es war eine recht

kärgliche Welt – sowohl in bezug auf die Menschen als auch in bezug auf die Anzahl der Unternehmen. Die Regierung war sehr hilfreich. Tatkräftige Unternehmer galten als Helden.

(. . .)

Das Arbeitspotential, das sich größtenteils aus Einwanderern zusammensetzte, war groß und schlecht ausgebildet . . .

Und es war eine Zeit kolonialistischen Denkens: Man sprach von der Bürde des Weißen Mannes, von der unwissenden und der Vernunft unzugänglichen Arbeiterklasse; man war davon überzeugt, daß das Planen und Denken einer überlegenen Gesellschaftsschicht überlassen sein sollte – auch gegen den Widerstand der unwissenden, naiven Arbeiter – zu ihrem eigenen Besten.«

(Aus: H. J. Leavitt, a.a.O., S. 388)

Besser kann wohl nicht geschildert werden, daß die Vorgesetztenrolle in ihrer geschichtlichen Entwicklung mit einer ganz bestimmten Philosophie – einer Auffassung von den Aufgaben und Möglichkeiten der Arbeiter und den überlegenen Führungsgaben der Vorgesetzten – verbunden war.

2.2 Die Vorgesetztenrolle in heutiger Zeit

In unserer modernen Zeit ist natürlich alles anders. Wir sind aufgeklärte Menschen, und unsere heutigen Vorgesetzten sind freundlich, aufmerksam und kooperativ. Oder sollten es doch sein.

Wir haben nämlich inzwischen eine riesige, kaum überschaubare Literatur über Führungsprobleme, und daran müssen wir uns zunächst halten. Es gibt also genügend Bücher über »Richtiges Führen« und »Kooperativen Führungsstil« – es gibt umfangreiche und teilweise überaus schwer verständliche Führungstheorien. Die entscheidende Frage aber, in welchem Umfang die heutigen Vorgesetzten nach diesen hehren Richtlinien handeln, kann kaum exakt beantwortet werden. Sie erforderte eine außerordentlich umfangreiche empirische Untersuchung.

Wir wissen allerdings, welche Schwerpunkte der Vorgesetztenrolle in heutiger Zeit zugewiesen werden.

In verschiedenen Untersuchungen, u. a. von *E. A. Fleischmann* und *E. F. Harris* (1953; 1962), wurde aufgrund von Fragebogendaten mit sehr komplizierten statistischen Mitteln (Korrelationen und Faktorenanalyse) festgestellt, daß die heutige Führungsaufgabe *zwei* Hauptkomponenten enthält: einen personenbezogenen und einen sachbezogenen Aspekt.

Das *sachbezogene Vorgesetztenverhalten* (englisch: structure) enthält das ordnende, sach- und aufgabenbezogene Verhalten wie Arbeitsablaufplanung, genaue Rollen- und Arbeitszuweisungen für jeden Mitarbeiter sowie Betonung der Leistung in Richtung auf die gesteckten Leistungsziele. Wichtig ist: Ein solcher Vorgesetzter ist kein Unmensch und auf keinen Fall ein machtbesessener Bösewicht. Ein solcher Vorgesetzter aber hat in erster Linie *Leistung, Ziele, Produktion und Organisation* im Auge.

Im Extremfall ist er allerdings ein seelenloser Roboter, ein Technokrat. Sein Arbeitszimmer ist eine Kommandozentrale. Er kann vernarrt sein in seine Maschinen, seine Produktionsziffern, seine Computer und vor allem: in seine perfekte Organisationsstruktur!

Und in dieser Vernarrtheit liegt seine Unmenschlichkeit, seine Einseitigkeit, seine Gefährlichkeit.

Wir müssen uns daher gegen solche Menschen wehren; sie dürfen in heutiger Zeit nicht an den Schalthebeln der Macht sitzen!

Der *personenbezogene Faktor* (englisch: consideration) wird mit folgenden Worten beschrieben:

wechselseitiges Vertrauen, Respekt, Aufgeschlossenheit und Wärme des Kontakts;

ferner: Interesse an den Bedürfnissen der Gruppenmitglieder, erhöhtes Teilnehmenlassen an Entscheidungen und die Förderung wechselseitiger Kommunikation.

Man könnte ihn pauschal als den Faktor »Mensch«, genauer gesagt als Faktor »Kontakt« bezeichnen. Wenn man nur diesen Faktor beachten würde, gäbe es ein gemütliches, freundliches Beisammensein, aber kein Arbeitsergebnis . . .

Wenn wir diese beiden Hauptfaktoren betrachten, wird deutlich, daß sie ganz verschiedene Seiten der menschlichen Persönlichkeit fordern. Daher ist es außerordentlich schwer, diese beiden Verhaltensweisen miteinander zu vereinen. Darin liegt auch die Hauptschwierigkeit aller heutigen Führungskonzeptionen (z. B. das weltbekannte *Grid*System von *Blake* und *Mouton,* das die Kombination dieser beiden Hauptfaktoren anstrebt). Immer wieder wird angezweifelt, ob es die Idealform, die Verbindung, die gleichzeitige Realisierung beider Seiten überhaupt geben kann. Gute Führungsseminare, die dieses Ziel erreichen wollen, haben viele Mißerfolge zu beklagen.

In der Tat ist dies ja auch *der* Grundwiderspruch in unserem gesamten Arbeitsleben: der zwischen Leistung, Produktion und Organisation einerseits und den menschlichen Faktoren auf der anderen Seite.

Angesichts dieses Spannungsgefüges muß man sich doch die Frage stellen, ob es überhaupt sinnvoll und realisierbar ist, diese beiden Grundkomponenten in *einer* Person, dem (hin- und hergerissenen, armen) Vorgesetzten zu vereinen. Ist das nicht eine Überforderung, eine Utopie? Auf jeden Fall wird der heutige Vorgesetzte durch diese Doppelanforderung unter einen extremen Druck gestellt.

Würde es nicht auch anders gehen!?

2.3 Blick in die Zukunft
oder: Wie können wir die Vorgesetztenrolle in Zukunft optimal gestalten und entwickeln?

Kernpunkt jeder Weiterentwicklung muß – genauso wie im politischen Raum etwa seit dem 18. Jahrhundert (Montaigne) – die *Gewaltenteilung* sein.

Bei der Führungsaufgabe heißt das:

– Es gibt Leute, die sind für das Organisieren sowie für die Produktions- oder Verwaltungsabläufe verantwortlich;

und:

– Es gibt *andere* Leute, die sind für die menschlichen Probleme und Konflikte zuständig.

Das bedeutet: Für beide Tätigkeitsbereiche sucht man sich die bestgeeigneten Leute aus.

Jedoch gegen diesen Grundgedanken wird es von manchen (vielen?) heutigen Vorgesetzten und Managern einen pauschalen Sturm der Entrüstung geben. Das könnte zeigen, daß unser Gedanke richtig ist – und daß die bisherigen, traditionellen Auffassungen über die Vorgesetztenrolle tatsächlich noch vom Stammhirn, von den Ritualen der Urhorde, von uralten, simplen Vorstellungen geprägt sind.

Jede Weiterentwicklung erfordert für einige Zeitgenossen den schmerzhaften Schnitt, liebgewordene Denkgewohnheiten einmal beiseite zu legen und das sogenannte »Undenkbare« in Ruhe zu überlegen. Es wird sich zeigen, daß dieses Konzept der Gewaltenteilung so »undenkbar« und so unrealistisch gar nicht ist. Allerdings wird es einige Mühen der Umstellung erfordern, welche die pauschalen Gegner einer Weiterentwicklung in der Regel nicht bereit sind aufzubringen, die dann hinterher gerne sagen möchten: »Seht Ihr, es geht doch nicht!«

Fangen wir unsere Betrachtung bei der *sachbezogenen Aufgabe* an (das ist leichter zu verstehen). Sie erfordert: Gutes Organisationstalent, Weitblick für die Folgen der Produktionsentscheidungen, Marketingfähigkeiten nach außen, Kooperation mit anderen Abteilungen innerhalb des Unternehmens, Cleverness und Entschlußfreudigkeit.

Eine Liste beachtlicher Eigenschaften, die in jedem Managerhandbuch in dieser oder ähnlicher Form zu finden ist.

Auch muß ein solcher Organisationsmanager sich ständig weiterbilden; er muß unbedingt im technischen Bereich, in der Datenverarbeitung und im kaufmännischen Bereich auf dem laufenden bleiben.

Ferner ist es wichtig, daß ein solcher Organisationsmanager mehr Bereiche beherrschen muß als sein eigenes, ursprüngliches Fachgebiet. Er muß sich gerade von den Technokraten, die nur ihr Fach sehen, durch Weitblick und Vielfalt der Aspekte unterscheiden.

Er muß also gut sein, und er darf daher teuer sein. Er soll wissen, daß er wertvoll ist – aber er soll auch wissen, daß er abberufen wird, wenn er seine Aufgabe nicht gut erfüllt.

Wem sollte er nun verantwortlich sein, und von wem sollte er angestellt werden, d. h.: Wem sollte er »dienen«? Mit Sicherheit allen drei Ebenen, die an der Qualität seiner Arbeit interessiert sind:

– den Arbeitnehmern der untersten Stufe, welche die Grundprodukte schaffen, die er ja weiter organisiert;
– der Unternehmensleitung, welche die Ziele und die Richtung angibt, und
– dem Kapital (den Banken).

(Ich unterscheide hier bewußt zwischen Unternehmensleitung und Kapital, denn zwischen diesen beiden Ebenen gibt es ja in der Realität zahlreiche Interessenkonflikte.)

Wenn wir uns nun fragen, wer das größte, das vitalste Interesse daran hat, daß dieser Organisationsmanager gut ist, daß er erfolgreich organisieren kann, dann ist das doch die unterste Ebene, sind es die Arbeitnehmer. Sie stellen mit viel Mühe die eigentlichen Produkte her, und sie haben wohl ein Recht darauf, daß dieser Mann mit ihren Produkten sinnvoll umgeht. Das heißt: Im Kern, in zentraler Weise sollte dieser Organisationsmanager ein Angestellter der Arbeitnehmer sein. Er wird von ihnen bezahlt, und er hat dafür gute Arbeit zu leisten. Die Arbeitnehmer können von ihm Rechenschaft fordern.

Daneben haben natürlich die Unternehmensseite und auch das Kapital ein Interesse an seiner Arbeit. Sie müssen ein Mitwirkungsrecht haben, diesen Fachmann einzustellen und ihn bei Fehlern zur Rechenschaft zu ziehen.

Die arbeitsrechtliche Realisierung dieser dreipoligen Position ist gewiß schwierig, kann aber bewältigt werden. Hier geht es um den *Grundsatz,* der auch für den heutigen Umgang mit Vorgesetzten außerordentliche Bedeutung hat: Es gibt eine Organisationsaufgabe, die heute von den Vorgesetzten wahrgenommen wird. Die Arbeitnehmerebene hat nun ein vitales Recht darauf, daß diese Aufgabe gut durchgeführt wird. Der »Souverän« kann daher nicht der Organisationsmanager sein (in politischer Analogie: nicht die Exekutive, die Verwaltung), sondern der Arbeiter selbst (also: das Parlament). Der Arbeitnehmer muß demnach der »Vorgesetzte« des Organisationsmanagers sein – nicht umgekehrt!

Was heißt das?

Das bedeutet vor allem, daß die *Arbeitnehmer* in regelmäßigen Abständen (etwa: vierteljährlich, mindestens aber: jährlich) kontrollieren, ob der Organisationsmanager seine Arbeit richtig, sinnvoll und effektiv getan hat.

Der Organisationsmanager darf zwar im täglichen Ablauf Anordnungen geben; er darf natürlich auch in akuten Gefahrensituationen unverzüglich Befehle erteilen – aber: Er muß den Arbeitnehmern Rechenschaft darüber ablegen, ob seine Handlungen und Entscheidungen sinnvoll und effektiv waren.

Es geht also in erster Linie nicht darum, den Organisationsmanager durch alle Mitarbeiter »wählen« zu lassen. Solche Wahlen sind bekanntlich ein sehr problematischer Prozeß, der mit »Wahlkämpfen«, »Wahlversprechungen« usw. verbunden ist und eine schwierige Eigendynamik entfalten kann. Dem Akt der Einstellung kommt keine so übermäßige Bedeutung zu. Man sollte allerdings seine Einstellung genehmigen lassen durch ein gemeinsames Gremium von Arbeitnehmern, neutralen Kollegen und höheren Vorgesetzten.

Wesentlich ist, *wem* der Organisationsmanager *verantwortlich* ist, wem er also Rechenschaft abzulegen hat, d. h.: Wer der »Souverän« ist. Und das muß in erster Linie die unterste Ebene sein.

Die andere Seite der Vorgesetztenfunktion betrifft nun den *Umgang mit Menschen.* Sie enthält viele Einzelfragen – z. B.:

– Wer übernimmt welche Arbeit?

– Wann wird gearbeitet? Wieviel wird gearbeitet?

– Wie werden die Gruppen zusammengesetzt?

– Wie sind die Bedingungen der Arbeit?

– Wie werden die Mitarbeiter beurteilt und individuell – je nach Leistung – entlohnt?

– Wer wird gefördert und durch welche Maßnahmen? Und so weiter und so fort.

Dies ist also der Bereich der Personalführung. Wer sollte ihn übernehmen?

Die Antwort kann niemals simpel sein. Es gibt dafür keine pauschale Ideallösung. Man kann für diese Frage Gremien schaffen; man kann besondere Personen einsetzen, die diese menschlichen Arbeitsfragen zu lösen haben. Man kann Stabsstellen für besondere Probleme und Schwierigkeiten (z. B. für Personalrichtlinien usw.) schaffen.

Eine einzige Antwort aber ist eindeutig: Es gibt eine Personengruppe, die für diese Aufgaben der Menschenführung *besonders wenig geeignet* ist, und das sind *die heutigen Vorgesetzten* in ihrer derzeitigen Berufslebenslaufbahn (Egokarriere aufgrund von besonderen Fachleistungen und Erfolgen im Produktionsbereich) und ihrer dadurch entstandenen gesellschaftlichen Lebensphilosophie. (Einzelheiten darüber siehe nächstes Kapitel.)

Wir können davon ausgehen, daß diese Personengruppe aufgrund ihres Berufsweges und ihrer Position besonders geringe Fähigkeiten entwickelt hat, menschliche Probleme richtig zu erkennen und zu lösen.

Übrigens gibt es viele Beispiele dafür, daß die Menschen in ihrer jeweiligen Ebene (z. B. in Bürgerinitiativen) ihre Probleme selbst am besten lösen können und dafür keine Vorgesetztenhierarchie brauchen. Auch gibt es zahlreiche Experimente, die zeigen, daß Problemlösungen, die von einer Gruppe gefunden werden, weitaus richtiger und besser sind als die Ergebnisse von einzelnen.

Man könnte also den Arbeitnehmern sehr viele Entscheidungen selbst übertragen. Die Frage, wer bestimmte Arbeiten übernimmt; wie die Arbeitseinteilung geregelt wird; wie der Urlaubsplan aufgestellt wird; wie Prämien verteilt werden; ob an diesem Wochenende Überstunden gemacht werden – alle diese Fragen können die Beteiligten sehr gut selbst entscheiden. Wir benötigen dafür die allgemeine Fähigkeit, Gruppenprozesse ohne Hierarchieeinwirkung gestalten zu können. Eine komplizierte Fähigkeit, die freilich nicht vom Himmel fällt, sondern – genauso wie Rechnen oder Fremdsprachen – schon in der Schulzeit geübt werden kann.

Was man sicher braucht, sind Gruppensprecher, die jeweils für einen bestimmten Zeitraum gewählt werden – natürlich mit einem größeren Kompetenzrahmen als die derzeitigen »Vertrauensleute«. Und gerade vor diesem Wahlvorgang haben manche (konservative) Vorgesetzte eine höllische Angst. Sie scheinen zu fürchten, daß damit die Grundfesten unserer abendländischen Kultur zerstört werden. Dabei werden seit Jahrhunderten höchste Hierarchiestufen in freier und geheimer Wahl von der darunter liegenden Ebene gewählt: etwa die Päpste oder die deutschen Kaiser im Mittelalter. Und auch Vorstandsmitglieder werden gewählt (wenn auch vom Aufsichtsrat). Und schließlich beruht unser ganzes demokratisches Staatssystem auf zahlreichen Wahlvorgängen.

Sehr viele wichtige Entscheidungen werden auch von Gremien – und nicht von Einzelpersonen – getroffen. Beispielsweise von:

– modernen Kabinetten;

– Parteitagen – Vorständen und Ausschüssen der demokratischen Parteien;

– in der Großindustrie ist der Vorstand ein Gremium, das sehr oft strengen Gruppenregeln unterworfen ist – z. B.:

»Im Vorstand sollen die Entscheidungen einstimmig fallen . . . (und diskret sein), so daß niemand allein zur Verantwortung gezogen (und niemand plaudern) kann . . .«

»Damit sich keiner der zwölf (Vorstandsmitglieder) überstimmt fühlt und womöglich aus Verärgerung Intimes ausplaudert, wird so lange debattiert, bis alle der gleichen Meinung sind. Da kann dann eine Vorstandssitzung zu einem ›stundenlangen Seminar‹ (Christians) ausarten. Das Ergebnis müssen alle gemeinsam tragen.«

(Aus: »Der Spiegel«, Nr. 7, 1985 vom 11. Februar 1985, S. 52.)

Dies war kein Bericht über stundenlange Diskussionen in einer Wohngemeinschaft von sogenannten »Chaoten«, sondern ein Bericht über die Vorstandssitzungen der Deutschen Bank, also des Unternehmens mit den höchsten Gewinnquoten der letzten Jahre.

Moderne Unternehmen werden übrigens weit stärker durch Besprechungen, Ausschüsse und Projektgruppen als durch einsame Entscheidungen hochstehender Vorgesetzter gesteuert.

Es besteht also kein Grund, den *personenbezogenen Teil der Führungsaufgabe* nicht auch auf andere Schultern zu verteilen als nur auf die einzelner Vorgesetzter.

3. Die Stufen der Vorgesetztenentwicklung

3.1 Von der Kindheit bis zum Ende der Ausbildung

Kann man bereits an Kindern, Jugendlichen oder Studenten erkennen, wer später Vorgesetzter wird – mehr noch: Wer in dieser Rolle erfolgreich sein wird?

Stellen Sie sich vor, wir würden in einer Schulklasse oder in einer Gruppe vergleichbarer Studenten diese Frage sehr exakt untersuchen lassen. Alle Jugendlichen würden gegenseitig ihre Chancen für eine Vorgesetztenlaufbahn einschätzen – dazu kämen noch die Urteile der Lehrer und Eltern sowie eventuell eine ausführliche psychologische Untersuchung. Alle diese Ergebnisse werden verschlossen, und zwanzig Jahre später wird überprüft, wer nun tatsächlich – und mit welchem Erfolg – Vorgesetzter geworden ist. Wie hoch ist die Treffergenauigkeit?

Obwohl ich nicht weiß, ob es bereits eine solche empirische Untersuchung gibt, vermute ich im allgemeinen eine vernichtende, eine Nullprognose. Man kann die Vorgesetztenlaufbahn offenbar nicht vorher erkennen.

Zwei Faktoren, die wir allerdings kaum erfassen können, dürften eine recht gute Prognose ergeben:

- Der eigene, unausgesprochene, geheime Wunsch, ob dieser Jugendliche Vorgesetzter werden möchte oder ob ihm das völlig schnuppe ist. Der eigene Lebensplan ist dabei vermutlich eine sehr starke Antriebskraft.

- Die Art der »Verbindungen«, die jemand durch Familie, Herkunft oder Gesellschaftsschicht hat. Dies ist vermutlich auch noch in heutiger Zeit ein sehr hoher Erfolgsfaktor, der aber weitgehend unbeweisbar bleibt.

Im allgemeinen können wir also davon ausgehen, daß Vorgesetzte keine Menschen mit besonders herausfallenden Persönlichkeitszügen sind. Sie sind vielmehr normale Menschen, die erst im Verlauf ihres Vorgesetztendaseins eine bestimmte Rolle erreichen. Das ist ja auch unser eigentliches Thema.

Umgekehrt kann man schon deutlicher sagen, welche Personen in der Regel *geringe Chancen* haben, Vorgesetzte zu werden (oder in dieser Position erfolgreich zu sein):

- zunächst: Träumer, die am liebsten am Fluß sitzen und die Wolken und die Vögel betrachten;

- dann: besonders warmherzige, gefühlsbetonte Menschen mit farbigem Innenleben;

- ferner: sehr krasse Individualisten, die nur in ihrer eigenen Welt leben:

- sodann: politische Grundsatzdenker, die über unsere Gesellschaft in sehr vertiefter und kritischer Form nachdenken (sogenannte »Radikale«);

- außerdem natürlich: alle Leute mit großen Leistungsschwierigkeiten (wie Schulversager usw.);

- ferner: sehr stille, in sich zurückgezogene Forschernaturen und:

- *Frauen.*

Dieser letzte Gesichtspunkt ist entlarvend. Er zeigt schlagartig, daß die Vorgesetztenlaufbahn keine Funktion besonderer geistiger oder persönlicher Fähigkeiten ist, sondern ein *Ritual,* in das man hineinwachsen und hineinpassen muß – oder man kommt gar nicht in Frage! Die Vorgesetztenrolle ist also das Persönlichkeitsbild, das man von diesem Rolleninhaber *erwartet.* Sie ist natürlich je nach Position und Branche verschieden: Ein Ministerialdirektor hat andere Fähigkeiten und Personeneigenschaften aufzuweisen als ein Abteilungsleiter in einem Stahlwerk oder in einem Kaufhaus. Ein Meister an einer Fließbandproduktion muß sich anders verhalten als ein Handwerksmeister oder als ein Gruppenleiter im Verkauf.

Dennoch gibt es *gewisse Tendenzen,* die in einem allgemeinen, statistischen (also nicht individuellen) Vergleich die Vorgesetztenpersönlichkeit von den anderen Menschen, den Nichtvorgesetzten, unterscheiden mag. Man kann in einigen, polar (d. h. gegensätzlich) angeordneten Persönlichkeitszügen zusammenfassen, wo jeweils die Schwerpunkte des Vorgesetzten und des Nichtvorgesetzten liegen, d. h. welche Verhaltensseite das Übergewicht hat:

Wir vergleichen:

- Leistung, Sachlichkeit, Nüchternheit

  oder: Kontaktfähigkeit, Gefühl;

- Egoehrgeiz, Konkurrenzdenken

  oder: Zusammensein mit anderen, Solidarität;

- Lautstarke Dominanz der eigenen Meinung

  oder: Zuhörenkönnen, die Meinung der anderen zu verstehen suchen;

- Pflichtbewußtsein, Einsatzbereitschaft, Anpassung an die Systeme in Schule und Universität

  oder: Aufmüpfigkeit;

- unreflektierter Wunsch nach Harmonie

  oder: kritisches gesellschaftliches Denken;

- Orientierung nach oben

  oder: Unabhängigkeit von Vorgesetzten und Lehrern.

Zusammenfassung: Die Erfahrung zeigt leider, daß in unserer Gesellschaft Menschen häufiger in Vorgesetztenpositionen kommen, die in ihrer gesamten Persönlichkeitsstruktur auf dem oberen Pol unserer Zusammenstellung angesiedelt sind. Natürlich entstehen diese Persönlichkeitszüge in vielen Jahren, im Laufe der Entwicklung von Kind, Jugendlichem und Studenten. Dann aber findet ein bestimmter Auswahlprozeß statt, der schwerwiegende Folgen hat.

Und wir müssen – leider – davon ausgehen, daß diese Personen eine geringere Fähigkeit besitzen, menschliche Probleme zu verstehen und richtig zu lösen – also: geringere Fähigkeit, die menschliche Seite der Führungsaufgabe zu bewältigen als der andere Pol. Diese Menschen prägen aber unsere Arbeitswelt.

3.2 Die unterste Vorgesetztenebene
   (Gruppenleiter, Vorarbeiter, Meister)

Wir müssen hier zwei Personengruppen unterscheiden:

1. Der Vorgesetzte kommt aus der Mitarbeitergruppe. Er war vorher selbst Arbeiter oder Angestellter und übernimmt nun – in der Regel nach vielen Berufsjahren – die Vorgesetztenposition (oftmals innerhalb der eigenen Gruppe).

51

2. Der Vorgesetzte kommt – oft nach akademischer Ausbildung – »von außen« in das Unternehmen und wird dann ziemlich rasch Vorgesetzter einer (meist recht kleinen) Gruppe.

Wir betrachten zuerst die zweite Vorgesetztengruppe: *Jungakademiker in Wirtschaftsunternehmen.*

(Über Jungakademiker im Staatsdienst brauchen wir hier nicht zu sprechen. Sie sind »Referendare« und keine Vorgesetzten, haben weder Macht noch Ansehen eines Vorgesetzten.) Der Jungakademiker in der Wirtschaft hat primär ein enormes theoretisches Wissen, das weit höher ist als die Kenntnisse seiner Mitarbeiter. Oft ist sein Wissen – da erst in den letzten Jahren erworben – besser als die Fachkenntnisse seiner Kollegen und seines eigenen Vorgesetzten (des Abteilungsleiters). Schon dieser Wissensunterschied kann zu großen Konflikten führen. Der junge Akademiker glaubt, überlegen zu sein; die Mitarbeiter (oftmals »alte Hasen«) merken, daß dieses Wissen nur theoretisch ist (ein »Klugscheißer«), und daß er sehr wenig Ahnung vom praktischen Know-how – »wie man die Dinge bei uns so macht« – besitzt. Wenn er sich mit seinem Wissen allzusehr aufspielt, lassen sie ihn »auflaufen«. Auch hat er fast keine Ahnung von dem komplizierten »Spiel« innerhalb einer Unternehmensorganisation. Er glaubt noch, daß es dort nach rationalen, vernünftigen Gesichtspunkten zugeht, und kennt nicht die Rituale und »Spiele« der Macht. So können also bereits vom fachlichen Bereich her erhebliche Konflikte entstehen.

Im Umgang, also im Kontakt mit Mitarbeitern und Kollegen, ergeben sich folgende Abläufe: Der Jungakademiker ist im allgemeinen aufgeschlossen und gutwillig. In heutiger Zeit ist er kein Bösewicht, sondern eher ein unauffälliger Mensch.

Auch wenn er – Ausnahmefall! – ein sehr starkes Machtstreben besitzt oder jähzornig-unausgeglichen ist, so wird er diese Eigenschaften kaum offen zeigen, denn er weiß, daß man als Vorgesetzter kooperativ und ausgeglichen zu sein hat. Seine Mitarbeiter (wie gesagt: oft »alte Hasen«) und auch seine Vorgesetzten würden es ihm sehr übel nehmen, wenn er sich wie ein »wilder Mann« aufführt. Ein zorniger junger Akademiker muß also in dieser Phase vieles herunterschlucken. Wird er das Angestaute später, wenn er in höheren Positionen ist und glaubt, die Macht zu haben, stärker herauslassen?

Im allgemeinen aber ist er, wie wir oben bereits ausführten, ein ruhiger, unauffälliger, eher zurückhaltender Mensch. Die *zentralen Probleme* entstehen nun dadurch, daß er so *ungemein sachorientiert* ist. Er ist durch die vielen Jahre wissenschaftlicher Ausbildung vollgestopft mit Sachwissen (naturwissenschaftlicher, technischer, juristischer oder wirtschaftlicher Art). Aber: wie *Menschen* funktionieren – mehr noch: wie *einfache* Menschen (keine Akademiker!) denken und fühlen und sprechen –, davon hat er nur eine sehr geringe Ahnung. Er lebt in einer ganz anderen Welt als seine Mitarbeiter. In unserer Fachsprache: *Er ist extrem sachorientiert und sehr wenig personenorientiert.*

Und damit sind die Kontaktstörungen programmiert. Er glaubt, er müsse mit seinen Mitarbeitern über sachliche Fragen reden. Dabei bleibt er nüchtern und distanziert. Und er merkt überhaupt nicht, was diese sachlichen Probleme für seine Mitarbeiter tatsächlich bedeuten: Anstrengungen, Umstellungen, Verschiebungen, Kontakte usw. usw. Er merkt gar nicht, daß in einer so kleinen Gruppe, in einer so engen Arbeitsatmosphäre der Kontakt überhaupt die Brücke ist, auf der die Sachprobleme von einem Menschen zum anderen gelangen. Durch diese übermäßige Sachorientierung, verbunden mit Distanz und Nüchternheit, gibt es nun am laufenden Band Kontaktstörungen. Er glaubt, daß es an der mangelnden Einsatzbereitschaft der Mitarbeiter liegt. So entstehen Mißverständnisse und Konflikte, ohne daß er sie böswillig provoziert hat.

Die Situation verschärft sich dadurch, daß er selbst – im Vergleich mit der Universität – die Leistungsanforderungen, den Druck und die perfekten Abläufe der Großorganisation negativ empfindet. Er spürt bereits nach wenigen Monaten, daß er nur ein winziges Rädchen in einem riesigen Getriebe ist, auf das er nur minimalen Einfluß hat. Nach oben und nach unten fühlt er sich isoliert; und die Kollegen sind Konkurrenten. So steigt die innere Spannung – keine gute Voraussetzung für richtiges Führungsverhalten.

Der aus der Mitarbeitergruppe aufgestiegene Vorgesetzte

Diese Vorgesetztenlaufbahn ist bei gewerblichen Arbeitnehmern (als Vorarbeiter, Schichtführer und Meister) und bei kaufmännischen Angestellten (als Gruppenleiter) die Regel.

Diese Konstellation ist die schwierigste von allen Führungspositionen. Das größte Problem liegt darin, *wie er sich der unteren*

Ebene gegenüber verhalten soll. Man könnte fast sagen: Wie er es auch macht, ist es falsch!

Wenn er seinen früheren Kollegen gegenüber Distanz zeigt und sich mit knappen Befehlen und Anordnungen durchsetzen will, wirkt er »autoritär« und bekommt Widerstand von unten. »Wie kann der sich nur so aufspielen – das ist doch der Kurt von nebenan!« sagen sich die Mitarbeiter. Wenn er – umgekehrt – freundlich ist und mit seinen Mitarbeitern guten Kontakt hält, sagen die Vorgesetzten, er sei »zu weich«, könne sich nicht durchsetzen und zeige »Führungsschwäche«. Er sitzt also zwischen den Ebenen und damit zwischen allen Stühlen.

Wichtig ist nun die Frage, nach welchen Kriterien diese untersten Vorgesetzten ausgewählt werden. Leider steht an erster Stelle die fachliche Leistung. Man macht Mitarbeiter zu Gruppenleitern und Meistern, die gute Fachkenntnisse besitzen und seit langem eine gleichmäßige Leistung gebracht haben. Damit werden in erster Linie fleißige, pflichtbewußte Menschen ausgewählt. Der Umgang mit Menschen wird heute in Meisterkursen zwar ausführlich behandelt. Aber wie sich dieses Wissen in die Praxis umsetzen läßt, ist eine wesentlich schwierigere Frage. Im Grunde hofft man, daß er »mit der Mannschaft gut zurechtkommen« soll – aber was heißt das schon in concreto. Er soll ein sogenanntes »Händchen« für Leute haben, und er soll einen »kooperativen Führungsstil« verwirklichen.

In Wirklichkeit weiß er gar nicht so genau, wie er sich eigentlich verhalten soll. Es fehlen ihm die eindeutigen Leitlinien. Er soll nicht zu hart, aber auch nicht zu nachgiebig sein.

So hält er sich oft an uralte Großväterweisheiten wie: »Rauhe Schale, weicher Kern«, oder »Die Leute müssen wissen, wo sie dran sind.« Aber was bedeutet das in einer konkreten Situation?

So passiert es leicht, daß sich der Druck, den er von oben erhält, nach unten fortpflanzt.

3.3 Betriebsleiter/Unterabteilungsleiter

Wir meinen mit Betriebsleiter/Unterabteilungsleiter die Ebene, auf welcher der Vorgesetzte etwa 50 bis 100 Mitarbeiter auf der untersten Ebene sowie – dazwischen – eine Führungsschicht von etwa drei bis sechs Meistern/Gruppenleitern zu führen hat.

Manchmal hat er auch einen kleinen Stab (z. B.: Betriebsschreiber, technischer Zeichner, Laborant, Betriebsassistent).

Ein solcher Betriebsleiter/Unterabteilungsleiter ist in der Regel ein handfester Praktiker, mindestens vierzig Jahre alt, den so leicht kein Teufel erschüttern kann. Er ist gewohnt, mit nahezu jeder unerwarteten Situation fertig zu werden. Diese Leute bilden – neben den Meistern – das Rückgrat eines Unternehmens.

Die theoretischen Spitzfindigkeiten der Universitätsausbildung hat er überwunden. Er macht das Notwendige; er ist ein Realist. Er kennt seine Maschinen im Schlaf; und er »kennt« (mit Absicht: in Anführungsstrichen – warum wohl!?) seine Leute. Er beherrscht vor allem die komplizierte Klaviatur der Unternehmensorganisation, und er kann darauf „spielen". Wenn man seinen Tagesablauf minuziös registriert, wird allerdings deutlich, daß er 90 Prozent seiner Arbeitszeit mit Produktions- oder Verwaltungsaufgaben verbringt. Höchstens zehn Prozent seiner Zeit kann er sich mit den Problemen der Menschen beschäftigen (daher: wie gut »kennt« er sie wirklich?). Seine Sichtweise, sein Blickwinkel wird also zu 90 Prozent von der Produktion (Maschinen, Reparaturen, Bestellungen, Neueinrichtungen usw.) sowie von einem immensen Papierkrieg (Verwaltung) bestimmt.

Menschliche Fragen beschäftigen ihn nur dann besonders, wenn etwas mit einem Mitarbeiter »schief« geht, d. h. wenn es Ärger gibt, oder wenn Versetzungen bzw. Umorganisationen anstehen oder wenn ein Nachfoger für eine Führungsposition (Meister/Gruppenleiter) gefunden werden muß.

Seine Vorgesetztenrolle beschränkt sich also überwiegend auf die Sachfragen. In Wirklichkeit ist er also (siehe unter Abschnitt 2.2 zur heutigen Vorgesetztenrolle) ein *Organisationsmanager,* auch wenn er – vermeintlich – aufgrund seiner Erfahrung mit den Menschen einigermaßen richtig umgehen kann.

Bei Schwierigkeiten mit Mitarbeitern zeigt sich außerdem, daß er gegenüber guten – d. h. arbeitswilligen – Mitarbeitern ein aufgeschlossener, bemühter, kontaktoffener Vorgesetzter ist. Wenn er aber den Eindruck hat, daß ein Mitarbeiter sich nicht genügend Mühe gibt, wird er recht hart reagieren. Er teilt also die »Leute« wie ein Lehrer ein: in mitarbeitende, zu fördernde und in nichtmitarbeitende, störende Menschen. Hier zeigt sich, daß er eine Grundphilosophie zu seiner Führungsaufgabe entwickelt hat,

die in erster Linie von solchen Begriffen wie »Leistung«, »Pflichtbewußtsein« und »Einsatzbereitschaft« geprägt ist.

Er möchte durchaus seine »Mannschaft« in positiver Weise führen und anspornen. Er möchte sie »motiveren«. Dabei kann er in
der Regel Kontakt aufnehmen, bleibt aber oftmals in einer väter-
lich-patriarchalischen Weise überlegen und auf Distanz.

3.4 Abteilungsleiter

Im Gegensatz zum Betriebsleiter/Unterabteilungsleiter lebt der
Abteilungsleiter in einer ganz anderen Welt. Er arbeitet nicht
mehr in seinem ursprünglichen Fachgebiet (etwa: Technik, Che-
mie, EDV oder Verkauf), sondern er organisiert und koordiniert
die fachlichen Ergebnisse seiner Mitarbeiter.

Die konkreten Sach- oder Produktionsfragen erscheinen bei
ihm nicht mehr in lebendiger Form, sondern in Gestalt von »Vorgängen« (Anweisung: »Können Sie mir mal bitte den Vorgang
›drittes Obergeschoß, linker Flur‹ heraussuchen . . .«), also in
Form von Papieren, Aktennotizen, Ausarbeitungen usw. Dadurch, daß er nicht mehr sein eigenes Fachgebiet greifbar vor
Augen hat, gerät er in einen Prozeß der *Entfremdung*. Er lebt
zunehmend in einem Glashaus. Papiere, Konzepte, Produkti-
onszahlen und Organisationsaufbau werden zum eigentlichen
Thema, gewinnen einen Selbstzweck.

Neben dem Papierkrieg führt er freilich sehr viele Gespräche –
mit einzelnen (auch am Telefon), aber auch mit mehreren Personen. Er leitet viele, allzu viele Besprechungen und nimmt an viel
zu vielen Sitzungen teil.

Bei all diesen Gesprächen aber geht es um Sachprobleme. Persönliche Gefühle und Konflikte – der wirkliche Kern vieler Be-
rufsprobleme! – werden dabei nicht angesprochen. Sie bleiben
ausgeklammert. Es geht – in seinen Augen – ja auch nur um
Sachfragen.

So wird echter Kontakt und Umgang mit der menschlichen Seele
für ihn ein Fremdwort. Statt menschlicher Gefühle entwickelt
sich in seiner Brust der Organisationsplan.

Gleichzeitig nimmt seine Einsamkeit zu. Mit wem kann er sich
schon aussprechen? Wem kann er seine wirklichen Sorgen
(und Ängste!) anvertrauen? Die Kollegen sind Konkurrenten, die
Mitarbeiter »müssen geführt« werden (mit der gebotenen Di-

stanz; nur nicht zu nahe rankommen lassen), und der Vorgesetzte erwartet, daß »alles klappt«. Und er wird nie gelobt; das ist die Wahrheit, die ich häufig überprüfen konnte!

Der Kontakt zur untersten Ebene wird – allein durch die vielen, vielen Termine und Besprechungen – schwächer. Arbeiter oder Sacharbeiter kommen nur noch selten direkt zu ihm; meist nur, wenn es um Beschwerden oder Konflikte geht. Was die »Leute« wirklich denken, hört er nur noch gefiltert oder durch zweifelhafte Kanäle (Einflüsterungen). Wenn er glaubt, daß er gute Kontakte zur untersten Ebene hat und hört, was dort so gesprochen wird, ist dies wohl eine Illusion – oft sogar ein recht gefährlicher Irrtum!

Andererseits steht er unter enormem Druck. Termine und Besprechungen hetzen ihn. Und ständig geht irgend etwas schief. Es ist unglaublich schwer, die Produktionsanforderungen, die von oben kommen, zu erfüllen.

In dieser Situation – einsam und unter starkem Druck stehend – entwickelt sich eine Lebensphilosophie, die schrecklich einseitig ist: Leistung, Produktion, Einsatz und Entscheidungsfähigkeit sind darin die tragenden Werte. Und aus dieser Philosophie entwickelt er seine Vorgesetztenrolle – ein absurder, gespenstischer Irrtum.

3.5 Manager

Manager zu werden, ist des deutschen Mannes liebster Phantasieberuf. Keiner gibt es zu, aber alle lesen: m.m. – Das Manager-Magazin.

Jedoch: Wie sieht nun – im Zusammenhang mit unserem Thema »Umgang mit Vorgesetzten« – der Manager wirklich aus?

Wir sollten vorweg zugestehen, daß es nahezu unmöglich ist, eine objektive Beschreibung des Verhaltens und Denkens von Managern zu geben. Der Grund dafür ist sehr einfach: Nur wenige Menschen begleiten diese Menschen sehr nahe, und ihre Stellungnahmen und Berichte sind in der Regel stark gefärbt: in Verehrung und Bewunderung – oder: im Konflikt.

Wir wollen einmal zusammentragen, wie Manager aus verschiedener Sichtweise betrachtet und dargestellt werden:

1. *Aus eigener Sicht bzw. aus der Sicht ihrer PR-Abteilungen* (also in Festreden oder auf Hochglanzpapier gedruckt):

Hier erscheint der Manager als ein ausgeglichener, geduldiger, verantwortungsbewußter (dies vor allem!), souveräner Mann, der Überblick über außerordentlich komplizierte und schwerwiegende Zusammenhänge hat: Ein hehres Bild! Es wird also die schöne Maske gezeigt. Diese Entwicklung beschreibt Michael Engelhard, Diplomat und Chef des Redeschreiberstabes im Bundespräsidialamt bei Bundespräsident von Weizsäcker folgendermaßen:

> »Ist Ihnen, lieber Leser, auch schon aufgefallen, wie seltsam sich die Menschen bei uns verändern, nachdem sie ein hohes Amt übernommen haben? Nach einem halben Jahr strahlt aus allen ihren Bewegungen eine gewisse majestätische Feierlichkeit. Sie geben sich, ich möchte sagen, wie mit Reichsöl gesalbt.«

(Aus: »DER SPIEGEL«, Nr. 7/1985, S. 20.)

Für uns ist bedeutsam, daß die Folgen dieses wunderschönen Bildes auf alle unteren Führungsebenen durchschlagen: Man zeigt sich gern als harmonische Maske.

2. *Aus der Sicht der Managementlehre* (Fontainebleau; Harvard Business usw. mit sehr vielen Veröffentlichungen):

Hier wird das Bild einer hochdifferenzierten Strategiewelt gezeigt. Fernab von allen Einzelfachkenntnissen – abgehoben von subjektiven persönlichen Interessen: eine Bündelung von Marketingdaten und Prognosen, Entscheidungsstammbäumen, EDV-Programmen und unternehmerischem Wagemut. Eine hochkomplizierte Aufgabenstruktur.

3. *Aus der Sicht von kritischen Unternehmensberatern:* Hier wird aufgezeigt, wie wichtige Entscheidungen mit sehr fragwürdigen Prognosehochrechnungen untermauert, wie ganz einseitige Interessenlagen durchgesetzt wurden und wie die persönlichen Konflikte und Ambitionen die Entscheidungen beeinflußten. Wenn Unternehmen in rote Zahlen gerieten oder zusammenbrachen, lag es daran, weil die Arbeiter zu »faul« waren oder weil das Management falsche Entscheidungen getroffen hat?

Und schließlich:

4. *Aus der Sicht der Nähe:* Wir sehen einen überbelasteten, müden Menschen. Er hat Kopfschmerzen und Konzentrationsschwierigkeiten. Er muß zu viele Akten durcharbeiten. Er muß an zu vielen Sitzungen teilnehmen. Er ist überreizt und oftmals unzureichend vorbereitet.

Welche Sicht ist richtig? Um die Situation der Manager richtiger verstehen zu können, sollten wir in ein paar Worten die *Struktur ihrer Tätigkeit* schildern. Wir sehen sechs Hauptkomponenten:

1. Seine eigentliche Tätigkeit liegt jenseits des Einzelfaches. Er muß also sein eigenes Ausgangsfach überwinden können (als Techniker, Chemiker, Kaufmann usw.). Diese persönliche Weiterentwicklung ist ungemein schwierig. Hier liegt der tiefere Kern des sogenannten »Peter-Prinzips«, daß nämlich Leute solange befördert werden, bis sie die Ebene der Inkompetenz erreicht haben. Die (absurde) Wahrheit lautet ja gerade, daß sie erst dann fähig werden, Manager zu sein, wenn sie die Begrenztheit ihrer Fachkompetenz überwunden haben.

2. Er kann keine einzige Zahl selbst nachprüfen. Er muß sich auf die unteren Ebenen und vor allem auf seine Stäbe verlassen. Er »schwimmt« oben drüber.

3. Er lebt in sehr großer Einsamkeit. Alle anderen sind Konkurrenten. Untere Ebenen sind oft Konfliktgegner.

4. Der Zeitdruck ist enorm.

5. Er wird mit Informationen überschüttet. Man erwartet von ihm, daß er täglich mehrere Zeitungen liest, und daß er einen »weiten Horizont« besitzt.

6. Er muß ständig Entscheidungen treffen – aber: Die Folgen sind stets unvorhersehbar. Alle Prognosen sind ungewiß. Wenn er jedoch keine Entscheidungen fällt, ist es noch schlimmer.

Diese Struktur seiner Tätigkeit hat eine entscheidende Folge: Sie erzeugt außerordentlichen Druck. Das ist der wesentliche Faktor.

In einer solchen Situation muß sich ein Mensch notgedrungen verändern. Es entwickelt sich ein bestimmtes Weltbild, eine grundlegende Lebensphilosophie, und dieser Vorgang ist für unser Thema »Umgang mit Vorgesetzten« wichtig. Man kann die »Lebensphilosophie« von Managern schwer beweisen. Man müßte Reden sammeln und auf ihre Grundtendenzen hin analysieren. Man müßte Protokolle von vertraulichen Gesprächen haben – aber die gibt es natürlich nicht. Wir können jedoch aus vielen Steinchen und Verhaltensweisen ablesen, daß es offenbar ein sehr eindimensionales Weltbild zu sein scheint. Die Welt ist aufgeteilt in Freund und Feind. Es gibt richtige, vertrauenswürdige und falsche, nicht zu »uns« gehörige Leute. »Feinde« sind alle Leute, die seine Entscheidungen, seine Welt stören: die vielen Sozialgesetze, die Gewerbeaufsichtsämter, die langen Entscheidungsphasen des heutigen Staates.

Krassere Gegner sind natürlich: Greenpeace, oder die »Grünen«, die Atomgegner, die ganze Friedensbewegung – kurzum: alle diese undisziplinierten Gestalten . . . Das sind für ihn alles »kommunistisch gesteuerte« Troublemacher.

Weniger kraß, aber doch sehr tiefsitzend ist die Überzeugung, daß alle Leute, die Einwände und Bedenken haben, »Spinner« oder »Schwächlinge« sind – natürlich auch derartige Leute im eigenen Unternehmen. Das sind seine unmittelbaren Gegner, die er möglichst ausschalten muß.

Umgekehrt gibt es auch eine Positivphilosophie. Sie hat drei Schwerpunkte:

1. Man muß stark sein. Man darf keine Schwächen haben oder zeigen. Schwächlinge sind zu verachten. (Das zeigt sich ja auch in ihrer Selbstdarstellung.)

2. Man muß zu den »guten alten Tugenden« zurückkehren: Ordnung, Pünktlichkeit, Einsatzbereitschaft, Pflichterfüllung usw. Die Ethik der Mitarbeiter hat sich auf die formalen, die sogenannten »Sekundärqualitäten« zu beschränken.

3. Diese unsere Wirtschaftswelt, diese Industriewelt ist in Ordnung. Sie ist rational; sie bringt allen Menschen Vorteile. Wir müssen sie ausbreiten und entwickeln. Wachstum ist selbstverständlich erforderlich. Bedenken dagegen haben nur »linke Spinner«.

Der Kern dieser, unter starkem Druck entstandenen Lebensphilosophie ist also ein Minimum an gesellschaftspolitischer und historischer Bildung. Diese Leute haben kaum jemals über die geschichtliche Entwicklung dieser Industriegesellschaft und über die darin enthaltenen Macht- und Strukturprobleme nachgedacht. Sie wünschen sich eine harmonische, machbare Welt.

Außerdem aber wissen sie gar nicht, daß die Mehrzahl der heute lebenden Menschen ganz andere Grundwerte hat.

Wir aber müssen uns mit dieser Philosophie auseinandersetzen, weil sie ja das Denken und Verhalten der unteren Vorgesetzten-ebenen, mit denen wir zu tun haben, mitprägt. Wir müssen auf diese Fragen Antworten geben können.

Ein besonders deutliches und weitverbreitetes Beispiel für diese Philosophie ist die Auffassung, die sozialorientierte Arbeiterbewegung sei in Wirklichkeit verursacht durch den Neidkomplex — also durch den Neid auf die Besitzenden, Höhergestellten, Tüchtigeren.

Betrachten wir dafür nur kurz die Realität des Arbeitslebens in den letzten 150 Jahren: Die Arbeitsbedingungen waren außerordentlich hart und oftmals kaum erträglich, die tägliche Arbeitszeit betrug anfänglich 12 bis 16 Stunden, die Entlohnung war minimal. Die Macht der Arbeitgeber hingegen war riesengroß: Sie konnten einstellen und entlassen, bestrafen und belohnen. Und: Je größer das Heer der Arbeitslosen war, um so größer war die Macht der Unternehmer. War es in der Weimarer Republik anders? Und sind diese Gesetzmäßigkeiten nicht auch in heutiger Zeit noch wirksam? Und welche Kämpfe waren erforderlich, um auch nur geringe Fortschritte zu erreichen? Wer nun offen behauptet oder in Andeutungen zu erkennen gibt, daß die soziale Bewegung der Arbeiterschaft nur auf einem Neidkomplex beruht, kennt entweder die Realität nicht oder verdreht aus seiner gesamten Philosophie heraus die Wahrheit. Wer allerdings in einem so wichtigen Bereich seiner Tätigkeit — wie es für einen Manager die Situation der Arbeit darstellt — nicht in der Lage ist, sich genügend und richtig zu informieren, ist wohl für eine Leitungsaufgabe geistig unfähig. Eine andere Deutung ist daher naheliegend: Eine solche Auffassung, eine solche krasse Fehldeutung kann nur entstehen auf der Grundlage einer besonderen, einer absurden Philosophie »von oben herab«, welche die Wirklichkeit in einer krassen Weise umdreht. Das ist das Gefährliche an solchen Lebenseinstellungen!

4. Weiteres zur Realität der Vorgesetztenrolle

4.1 Können Vorgesetzte auch »Vorbild« sein?

Auf diese Frage kann ich eine unmittelbare Antwort geben: Ja. Unbedingt!

Ich kenne eine Reihe von Vorgesetzten, die mich sehr bewegt und persönlich berührt haben. Alleine der Gedanke an diese Menschen erfüllt mich mit Wärme: redliche Personen, außerordentlich bemüht – sehr aufmerksam und intensiv zuhörend –, fair, aber auch entschlossen; fähig, schwierige Entscheidungen zu treffen; offensichtlich belastbar; mit großem Überblick und weitem Horizont. Aber: Was wird im allgemeinen unter »Vorbild« verstanden?

Wir haben Führungskräfte oft danach gefragt und erhielten Antworten, die das Blut in den Adern nahezu gefrieren ließen: Da war von Pünktlichkeit und Disziplin die Rede, man solle immer einsatzbereit und pflichtbewußt sein – kurzum: Es wurde das Leitbild eines preußischen Feldwebels geschildert; die sogenannten »Sekundärtugenden« wurden aufgezählt. Die geistige Verwirrung gegenüber dem, was eigentlich die Vorgesetztenrolle fordert, zeigt sich gerade in solchen Auffassungen.

Damit ist natürlich nicht gesagt, daß Vorgesetzte disziplinlos, unpünktlich und möglichst »lässig« sein sollten. Gewiß gehören Disziplin und Einsatzbereitschaft – im durchschnittlichen Umfang! – zum Vorgesetztenalltag. Aber diese Verhaltensweisen haben keinen *besonderen* Wert – sie sind gewisse, formale Voraussetzungen, um Führungsaufgaben erfüllen zu können, mehr nicht. Als »Vorbild« aber sind sie untauglich, mehr noch: gefährlich!

Wenn wir hier über »Vorbilder« sprechen, wollen wir uns noch einmal klarmachen, warum es besonders schwierig ist, in einer Vorgesetztenposition eine vorbildhafte Haltung zu erreichen. Zunächst stellt der Auswahlprozeß einen Filter dar, der nicht gerade in positive Richtung wirkt. Folgende Personen werden vornehmlich als Vorgesetzte ausgewählt:

— entweder sehr dynamische, aktive Menschen, die also wenig innere Selbstreflexion besitzen;

— oder/und: sehr sachorientierte, arbeitsame, organisationsbezogene Personen, die wenig Zugang zu Gefühlen aufweisen.

Diese beiden Persönlichkeitsschwerpunkte steigern sich noch von Ebene zu Ebene. So entwickeln sich bestimmte Charakterveränderungen. Die Einsamkeit wird größer, Sachentscheidungen treten in den Vordergrund, der Druck verstärkt sich erheblich, die Grundphilosophie wird einseitiger (siehe Kapitel 3). Eine solche Persönlichkeitsentwicklung kann nicht unser Vorbild sein!

Wenn wir nun umgekehrt fragen, in welcher Hinsicht Vorgesetzte tatsächlich Vorbild sein können, müssen wir andere Gesichtspunkte betrachten. Wir wollen fünf Bereiche herausstellen:

1. Er muß eine gewisse, hinreichende gesellschaftspolitische Philosophie über das Verhältnis von Produktion und Mensch gewonnen haben. Er muß darüber nachgedacht haben, welche Macht durch die Produktionskräfte und die Verwaltung ausgeübt wird, welche Macht und Abhängigkeit die Mitarbeiter haben und welches seine eigene Macht in diesen komplizierten Zusammenhängen ist. Er muß die historische Entwicklung dieser Faktoren, vor allem im Arbeitsleben, kennen. Das ist der zentrale Faktor.

2. Er muß sich entschließen, die menschlichen Probleme genauso ernsthaft zu behandeln wie die sachlichen oder Produktionsaufgaben. Das heißt: Er muß sich mit den menschlichen Problemen und Konflikten sehr viel Mühe geben.

3. Er muß genügend Kenntnisse darüber gewinnen, daß menschliche Probleme genauso kausal und kompliziert ablaufen wie naturwissenschaftliche, technische oder organisatorische Gesetzmäßigkeiten.

4. Ferner: Er muß zu sich selbst gefunden haben. Er muß eine genügende Stabilität sowie eine gewisse Weite, Farbigkeit und Flexibilität seiner eigenen Person erreicht haben. Ein nach oben orientierter Anpassungstyp, ein seelischer »Garnichts«, der nur fleißig arbeiten kann, wird kein Vorbild sein.

Und schließlich:

5. Er muß Zugang zu den feineren Abläufen und Signalen seines eigenen Körpers gefunden haben. Ein Mensch mit einem starren Panzer um seine körperlichen Funktionen – ein sogenannter reiner »Willensmensch« – ist ein Roboter, aber niemals ein »Vorbild«.

Wer diese fünf Bereiche in einer mühevollen Weise entwickelt – oder sich zumindest auf dem Wege befindet –, und wer dann noch gleichzeitig die komplizierten Aufgaben eines Vorgesetzten zu bewältigen sucht, den sollten wir als »Vorbild« achten.

Allerdings werden diese Menschen selten sein.

4.2 Die kraß negativen Eigenschaften von Vorgesetzten

Vorgesetzte, die ganz krasse negative Verhaltensweisen zeigen, sind nach meiner Erfahrung in heutiger Zeit relativ selten (vielleicht fünf bis zehn Prozent aller Vorgesetzten). Vieles deutet darauf hin, daß sich in den letzten Jahrzehnten – also seit dem Ende des Zweiten Weltkriegs – manches gewandelt hat, und daß erhebliche Positiventwicklungen im allgemeinen Vorgesetztenverhalten eingetreten sind. Ein gewisser »zivilisierter«, nicht brutaler Umgangston ist üblich geworden. Wenn über negative Eigenschaften von Vorgesetzten gesprochen wird, denken die meisten zunächst an ganz massive Vorfälle wie: Herumschreien und an aggressive Handlungen wie Türen schlagen, Telefonhörer aufknallen oder dem Mitarbeiter die Akten vor die Füße werfen. Aber offenbar sind die Vorgesetzten, die sich solche tragikomischen Klamaukszenen leisteten, weitgehend ausgestorben.

Auch zeigt die arbeitswissenschaftliche Forschung bei der Aufstellung der negativen Vorgesetzteneigenschaften einen ganz anderen Schwerpunkt: an der Spitze steht die *Pedanterie!*

Es geht also um Ordnung, Sauberkeit und Genauigkeit (die sogenannten »Sekundärtugenden«). Wenn ein Vorgesetzter in übermäßiger, manchmal geradezu zwanghafter Weise auf diesen Ordnungsprinzipien besteht, kann er ganze Abteilungen kaputtmachen. Er bringt die Mitarbeiter durch seinen Genauigkeitsfanatismus zur Verzweiflung. Ordnungsliebe und sehr hohe Genauigkeit sind also nicht – wie oft von Vorgesetzten selbst angenommen wird – Vorbildeigenschaften, sondern erhebliche Gefahrenpunkte.

Ein anderer negativer Schwerpunkt wird durch unzureichende und einseitige *Information* gebildet. Dieses Verhalten steht bei allen Untersuchungen in der Spitzengruppe. Ungenügende Information bildet ein Hauptproblem im Arbeitsleben. Damit sind übrigens *nicht* formale Unzulänglichkeiten bei der Speicherung und Weitergabe von objektiven Daten gemeint. Alle Ebenen werden heute mit sogenannten objektiven Informationen und Daten – mit Zahlen, Rundschreiben, Richtlinien und Mitteilungen – überschwemmt. Der Vorgesetzte sagt daher auch: »Was wollen Sie eigentlich, darüber ist doch in diesem Protokoll und in jenem Informationsblatt berichtet worden, haben Sie das etwa nicht gelesen?« (Und schon bin *ich* der Beschuldigte.)

Diese scheinbar objektiven Vorgänge sind mit »Fehlinformationen« auch gar nicht gemeint. Informationsstörungen liegen vielmehr dann vor, wenn durch Vorenthaltungen, Verdrehen und Verfälschen *Macht* ausgeübt wird; wenn also – trotz einer Fülle von Daten – die Hintergründe und Zusammenhänge nicht genannt werden oder wenn die wirklichen Entscheidungsgründe längst vorher im geheimen Kreis abgesprochen wurden. In diesem Zusammenhang gibt es ständig sehr krasse Vorgesetztenfehler im Bereich »Information« – Fehlinformationen, die oft genug beabsichtigt sind.

Ein anderer, schwerwiegender negativer Bereich ist die *lautstarke, dynamische Dominanz* des Vorgesetzten. Wir sehen sie bei sehr vitalen, dynamischen Leuten, die ein Gespräch oder ein Besprechungsthema in Sekundenschnelle in der Hand haben. Dominanz erkennen wir an dem Ausmaß, wieviel seelischen »Raum« jemand einnimmt. Ein nicht dominanter Mensch läßt den anderen Leuten Raum zum Atmen, zum Leben, zum Denken. Der Dominante hingegen – und oft sind es Männer – schiebt sich in den Mittelpunkt; er bestimmt Thema und Art der Behandlung.

Dominanz schafft Abhängigkeit – das ist der schreckliche Hintergrund dieses Verhaltens.

Eine andere negative Nuance ist weniger lautstark, aber durch ihre »Schönheit« genauso wirksam, und im Effekt genauso dominant. Es sind die großen, harmonischen, schönen Worte – die goldenen Sprüche –, *das vollmundige Sprechen* des Vorgesetzten, wobei er aber in Wirklichkeit keine konkreten Aussagen macht.

Da diese Art des Sprechens besonders klangvoll – vielleicht auch angenehm –, auf jeden Fall suggestiv wirkt, wird sie oft in ihrer negativen Wirkung nicht genügend erkannt. Wir müssen uns also gerade in solchen Fällen in der exakten Beobachtung (siehe Kapitel 5.1) üben.

Eine weitere, sehr krasse negative Verhaltensweise liegt darin, den Mitarbeiter *von oben herab* zu behandeln – ihn herabzusetzen –, ihm zu zeigen (oft auch: vor den anderen!), wie töricht und inkompetent er ist. Diese Herabsetzung kann in sehr subtiler Weise geschehen: durch kleine Nebenbemerkungen, durch leichte ironische Körperbewegungen mit den Händen, den Schultern oder den Mundwinkeln.

Diese Art, Macht auszuüben, ist oft sehr schwer zu beweisen. Man muß sich darin üben, die sekundenschnellen Feinheiten der Interaktion – der Herabsetzung, Verachtung und Verleumdung – zu erfassen.

Und schließlich wollen wir noch einen Faktor nennen, der besonders schwer zu beweisen ist, unter dem aber unzählige Mitarbeiter leiden. Sie spüren: *Der Vorgesetzte hat was gegen mich!* Er hält mich für einen Versager, für ein unbedeutendes »Würstchen«, für einen Querulanten oder für einen Hysteriker, der seine persönlichen Wehwehchen übertreibt. Diese Einstellung wird zwar niemals ausgesprochen, aber man spürt sie. Sie liegt wie ein dumpfer, undurchdringlicher Nebel über dem ganzen Arbeitsleben.

Das Zynische an diesem Vorgesetztenverhalten sind zwei Faktoren: einmal die Verallgemeinerung (der ganze Mensch wird negativ beurteilt) und zum anderen die Indirektheit, das Unausgesprochene. Ein Mitarbeiter mag bestimmte Fehler machen, die aber klar ausgesprochen und kritisiert werden können. Das geschieht hier aber nicht, und außerdem wird die ganze Person abgewertet und hat keine Chance mehr. Diese Verallgemeinerung müssen wir also entlarven!

Zusammenfassung: Wenn wir in heutiger Zeit auch selten die direkte, scharfe Aggressivität von Vorgesetzten vorfinden, so gibt es doch zahlreiche verdeckte, subtilere negative Verhaltensweisen, die wir exakt erfassen und richtig beobachten müssen, um uns dann dagegen wehren zu können. Die negativen Verhaltensweisen sind also subtiler, schwerer erkennbar geworden.

4.3 Die Fehlentscheidungen von Vorgesetzten

Firmenzusammenbrüche, Flugzeugabstürze, Katastrophen und Kriege sind spektakuläre Paukenschläge. Niemand kennt aber die Partitur dieser Kakophonie, denn es gibt keine realistische Statistik der menschlichen Fehlentscheidungen!

Die Mechanismen der *Vertuschung* sind nämlich weit stärker entwickelt als die rationalen Instrumente der Entscheidungsfindung. Fahnen werden aufgezogen und Scheinwerfer beleuchten die Siegesfeiern – doch: ». . . die im Dunkeln sieht man nicht!«

Der Zeitaufwand und die Mühe, um Fehlentscheidungen zu vertuschen, zu verschönen oder halbwegs geradezubiegen, sind vermutlich weitaus höher als Zeitaufwand und Arbeit an der Entscheidung selbst. Es geht um Machtprobleme – um Einfluß und gegen Gesichtsverlust – und nicht um bewußte, zielgerichtete, sinnvoll durchdachte Strategien.

Stammhirn siegt über Stirnhirn. Die Urhorde läßt grüßen!

Darum zunächst einige Beispiele für Entscheidungsprozesse aus dem vollen Menschenleben.

Erstes Beispiel

In der Werkstatt einer Baufirma soll eine neue Bohrmaschine angeschafft werden. Da manche Bauteile sehr umfangreich sind, schlagen einige Handwerker dem Meister vor, eine neue Maschine mit einer sehr breiten Auflagefläche zu bestellen, zumal es bereits vier Maschinen mit mittlerer Breite gibt.

Eines Tages kommt der Meister strahlend in die Werkstatt und verkündet, daß die beiden (!) neuen Bohrmaschinen eben angeliefert sind. Er hatte nämlich – gutwillig, um seinen Mitarbeitern die Laufereien in der großen Halle zu ersparen! – *zwei* Maschinen bestellt, allerdings, da die Geldmittel begrenzt sind, von mittlerer Größe. Er hatte es doch nur gut gemeint . . . Aber keiner benutzte die neuen Maschinen. Und als zwei Jahre später von den Mitarbeitern ein neuer Gabelstapler gewünscht wurde, hieß es: »Ihr benutzt ihn nachher ja doch nicht!«

Zweites Beispiel

1871, nach dem Sieg über Frankreich, war die finanzielle Lage des Deutschen Reichs aufgrund der französischen Friedensvertrags-Zahlungen (4,445 Milliarden Mark; das sind mehr als ein Viertel des damaligen Netto-Sozialprodukts von 16 Milliarden Mark!) ausgezeichnet. Die flüssigen Gelder der Banken konnten daher an die Privatwirtschaft vergeben werden. Aufgrund der Entscheidungen der damaligen Unternehmer und Bankvorstände kam es zu gewaltigen Investitionen. So wurden z. B. alleine von 1871 bis 1873 mehr als fünfhundert Aktiengesellschaften mit einem Nominalkapital von 2,9 Milliarden Mark gegründet. Es kam zu einer sprunghaften Ausdehnung der Kapazitäten und der Produktion.

Diese Entscheidungen waren allerdings so mangelhaft fundiert, daß es bereits ein Jahr später zu einer schweren Wirtschaftskrise, der »Gründerkrise« kam, die sich in den folgenden Jahren noch fortsetzte. Die Konkurse (1869: 4850) stiegen in wenigen Jahren auf über 10000! Der Kurswert von 444 deutschen Aktiengesellschaften sank von 4528 Milliarden (1872) innerhalb eines Jahres auf 2444 Milliarden (siehe Henning, Friedrich Wilhelm: Die Industrialisierung in Deutschland 1800 bis 1914; Abschnitt »Die Gründerkrise des Jahres 1873«, Paderborn 1973, S. 203 ff.).

Trotz dieser Erfahrungen kam die nächste Wirtschaftskrise aufgrund von Überinvestitionen und Absatzschwierigkeiten bereits um das Jahr 1890.

Drittes Beispiel

In einer technischen Forschungsabteilung versucht der Abteilungsleiter Maybaum, regelmäßig Besprechungen mit seinen Gruppenleitern durchzuführen. Diese Abteilungsbesprechungen verlaufen aber in der Regel kleinkariert und unergiebig. Sie betreffen Nebensächlichkeiten oder Verwaltungsprobleme der einzelnen Gruppenleiter. Eine gemeinsame Forschungsstrategie kommt dabei nicht zustande.

Die Ursache dieses Mißerfolgs liegt freilich darin, daß der Abteilungsleiter Maybaum keine richtunggebenden Ziele aufstellen kann, und daß er bei auftretenden Schwierigkeiten nur mit großen, schönklingenden, vollmundigen Worten reagiert. Alle Beteiligten empfinden diese Sitzungen als qualvolle Zeitvergeudung.

Nach einigen Monaten trifft Herr Maybaum die Entscheidung, keine gemeinsamen Besprechungen mehr durchzuführen, sondern nur noch mit jedem Gruppenleiter einzeln zu sprechen.

Nach seiner Meinung sind die Gruppenleiter für eine gemeinsame Arbeit »noch nicht reif«.

Diese Einzelbesprechungen verlaufen sehr verschieden: mit seinen Freunden gutmütig, ruhig und unergiebig – mit seinen Gegnern jedoch aggressiv und konfliktreich. Außerdem entwickelt Herr Maybaum die Angewohnheit, sich bei einzelnen Gruppenleitern über die nicht anwesenden Kollegen negativ auszulassen. Nach einiger Zeit läuft nichts mehr. Jeder Gruppenleiter versucht, sein »Süppchen zu kochen« und in den Einzelbesprechungen seine eigenen Projekte und Wünsche durchzusetzen. Keiner weiß, was der andere tut und anstrebt. Jeder ist bedacht, auf seine Weise mit dem Abteilungsleiter zu »klüngeln«. Lag nun die Fehlentscheidung darin, die gemeinsamen Besprechungen abzusetzen? Oder lag die wesentliche Fehlentscheidung darin, Herrn Maybaum überhaupt zum Abteilungsleiter zu machen?

Viertes Beispiel

Bereits im Jahre 1943 – also zwei Jahre vor dem Abwurf der Atombomben auf Hiroshima und Nagasaki – wurde von dem Präsidenten der Vereinigten Staaten und dem britischen Premierminister ein Geheimabkommen unterzeichnet, das die Weitergabe der Information über diese Waffe an dritte Staaten ausschloß. Man ging damals also davon aus, daß die USA und Großbritannien das Atomwaffenmonopol behalten konnten.

Schon damals aber machten sich auch die mit der Entwicklung beauftragten Physiker in Los Alamos intensive Gedanken über Einsatz und mögliche Kontrolle dieser Waffe. An ihrer Spitze stand der dänische Nobelpreisträger Niels Bohr. Er argumentierte, daß die beispiellose neue Waffe auch beispiellose politische Lösungen erfordere, wenn die Bombe nicht »zu einer Bedrohung für die Zivilisation werden« sollte. Niels Bohr versuchte dann im Frühjahr 1944, einen Gesprächstermin bei Roosevelt und Churchill zu erhalten, um sie für den Gedanken einer notwendigen internationalen Kontrolle zu gewinnen.

Das Gespräch mit Churchill am 16. Mai 1944 in Downing Street 10 wurde zu einem Desaster. Churchill hörte Niels Bohr überhaupt nicht zu, unterbrach ihn ständig und führte einen langen Dialog mit seinem Berater Lord Cherwell.

Der bloße Gedanke an internationale Kontrolle war damals den führenden westlichen Politikern unerträglich. So wurde am

18. September 1944 die Entscheidung getroffen, daß der Vorschlag, eine internationale Vereinbarung hinsichtlich der Kontrolle und Anwendung der Atomwaffen zu erreichen, nicht akzeptiert wird.

Man war tatsächlich der Meinung, daß es gelingen würde, den beiden führenden westlichen Großmächten dieses Monopol zu erhalten.

Fünftes Beispiel

In einer technischen Gruppe gab es einige hervorragende Fachleute. Als der Gruppenleiter die Altersgrenze erreichte, hatten sich natürlich einige Kollegen Hoffnung auf diese Stelle gemacht. Allerdings wäre die Entscheidung schwierig geworden.

Eines Tages wurde bekannt, daß Herr Schulze, den niemand kannte, und der keinerlei Fachkenntnisse auf diesem Gebiet besaß, Gruppenleiter wird. Diese Entscheidung hatte der Abteilungsleiter Burger gefällt. Bald zeigte sich, daß er einen sehr guten privaten persönlichen »Draht« zu Schulze hatte. Mit sehr viel Mühe wurde Schulze anschließend in das Fachgebiet eingearbeitet. Aber nach wenigen Monaten hatten bereits drei gute Techniker die Gruppe verlassen.

Fazit

In allen diesen Fällen müssen wir uns die Frage stellen, *wer* die schwerwiegenden Fehler verursacht hat: War es die untere Ebene durch ihre zu hohen »Ansprüche« und ihre ungenügende Einsatzbereitschaft – oder: War es die Ebene der Abteilungsleiter, Manager, Regierungschefs?

Um gerecht zu sein, wollen wir aber kurz betrachten, *wie Entscheidungen zustande kommen* und welche Verhaltensweisen (Handlungen, Gefühle, bewußte Planungen usw.) dabei beteiligt sind.

Die besondere Schwierigkeit jeder Entscheidung liegt darin, daß sie erst in der *Zukunft* wirksam wird. Es spielen zahlreiche, oftmals unübersehbar viele Faktoren hinein, die man im Augenblick in ihren Folgen noch gar nicht einschätzen kann. Jede Entscheidung enthält also eine unglaubliche Unsicherheit – daher auch die weitverbreitete Tendenz, Entscheidungen zu vermeiden oder »auszusitzen«, die schreckliche andere Seite der Fehlentscheidung.

Man versucht nun oft, diese Unsicherheit zu vermindern, indem man möglichst viele rationale Daten sammelt (über Märkte, Produktionsentwicklungen, Rendite – oder bei menschlichen Problemen: psychologische Tests, Handschriftenproben, bisherige Lebenslaufstationen, Computer-Daten des Verfassungsschutzes).

In der Regel sind diese Fakten entweder zu lückenhaft — unvollständig oder zu umfangreich, so daß man die Übersicht verliert. Auch sind es immer nur Daten aus der Vergangenheit. Entscheidungen aber erfordern die Prognose, die Berücksichtigung der Zukunft. Auch bei optimaler Vorbereitung bleibt daher die Ungewißheit riesengroß.

Hinzu kommt der *Faktor »Zeit«.* Eine Entscheidung kann zu früh getroffen werden; man nennt sie dann »unausgereift«. Oftmals aber wird sie hinausgeschoben – in dem Wunsch, noch besseres objektives Zahlenmaterial zu gewinnen. Aber die zu spät gefaßte Entscheidung (etwa: die Ernennung zum Gruppenleiter, die Bestellung eines Ersatzteils oder auch nur die Aufstellung des jährlichen Urlaubsplans) ist in der Regel schlechter als die rechtzeitige Entscheidung aufgrund von unzureichenden Daten. Aber: wann ist »rechtzeitig«?

Und die häufigste Fehlentscheidung besteht darin, keine Entscheidung zu treffen. Warten wir mal ab, wie sich die Sache entwickelt . . .

Angesichts dieser außerordentlichen Schwierigkeiten, eine richtige Entscheidung zu fällen, sollten wir von der *Realität* ausgehen. Sie lautet:

Fehlentscheidungen sind normal!

Der amerikanische Präsident Theodore Roosevelt sagte 1904, wenn nur 20 Prozent seiner Entscheidungen richtig gewesen wären, wäre er der erfolgreichste Präsident der USA geworden. Im Umgang mit Vorgesetzten bedeutet dies, daß wir unseren Vorgesetzten das menschliche Recht zugestehen sollten, eine Situation falsch eingeschätzt und daraufhin eine Fehlentscheidung getroffen zu haben. Wir sollten ihnen sogar dabei helfen, die Folgen der Fehlentscheidung zu überwinden und sogar zu tragen – oder auch mit einiger Mühe eine neue Entscheidung zu treffen, Änderungen durchzustehen usw. Das wäre eine wünschenswerte Vorgesetztenbeziehung!

Die Realität sieht leider anders aus, und hier liegen die eigentlichen Probleme! Vorgesetzte gehen in der Regel davon aus, daß ihre Entscheidungen richtig sind, und versuchen, ihre (in Wirklichkeit oft falschen) Entscheidungen mit großen schönen Worten und mit dem Nachdruck der Macht an die Mitarbeiter zu »verkaufen«. (Das nennt man dann absurderweise »Motivation«.) Diese Fehleinschätzung ihrer eigenen (geringen) Entscheidungsfähigkeit erzeugt also die eigentlichen, schwerwiegenden Konflikte und Fehlentscheidungen. Die Art und Weise, wie Vorgesetzte ihre eigenen Interessenentscheidungen verkaufen oder durchsetzen, ist oft von unerträglicher Arroganz. Hier sind Macht, Ego-Position und Zynismus im Spiele – und dies sind die zentralen Ursachen der schwerwiegendsten Fehlentscheidungen.

Wir können daraus *Folgerungen und Forderungen* ableiten:

1. Entscheidungen sind immer dann problematisch, wenn sie von einem Vorgesetzten alleine – in seinem Glashaus –, also in Abkapselung und ohne genügende Beratung mit den anderen Beteiligten, welche die Folgen dieser Entscheidung zu tragen haben, getroffen werden.

Und außerdem gilt:

2. Entscheidungen sind immer dann falsch und gefährlich, wenn die Überzeugung des Vorgesetzten, daß eine Sache so oder so zu machen sei, bereits vorher in seinem Kopf vorgeprägt war – wenn er also bereits vorweg entschlossen war, die Sache so zu machen –, wenn also der rationale Entscheidungsprozeß nur noch ein Vorwand war. Diese Tendenz zur Fehlentscheidung zeigt sich deutlich, wenn Vorgesetzte oder höhere Machtträger nicht ansprechbar sind für die Argumente der anderen Menschen.

Fehlentscheidungen von Vorgesetzten sind somit in der Regel keine intellektuellen oder organisatorischen Irrtümer, sondern Folgen von Abschließung, Arroganz oder Unbelehrbarkeit.

Damit müssen wir uns also besonders auseinandersetzen. Wir müssen daher bei allen schwerwiegenden Entscheidungen eine möglichst breite Beteiligung der Betroffenen fordern. Hier liegt ein Schwerpunkt des Umgangs mit Vorgesetzten!

4.4 Die Angst des Vorgesetzten vor dem Mitarbeiter

Es ist allgemein bekannt, daß Mitarbeiter Ängste vor ihren Vorgesetzten haben. Umgekehrt aber ist es unter »richtigen Vorgesetzten« – d. h. unter uns Männern – geradezu undenkbar, daß ein Vorgesetzter Angst vor seinen Mitarbeitern hat. Ein Vorgesetzter hat furchtlos und stark zu sein. Das Thema »Angst« ist also extrem tabuisiert. Auch in der umfangreichen Literatur über Führungsthemen findet sich darüber kein Satz, der direkt darauf eingeht.

Dabei ist die Wahrheit offenkundig. Viele Mitarbeiter sehen diese Ängste ihrer Vorgesetzten mit wachen Augen – oft mit Bestürzung! – und sprechen darüber am Arbeitsplatz oder in der Kantine. Es gibt nun zwei ähnliche Bereiche, in denen die vorhandene, reale Angst jahrhundertelang unausgesprochen und verhüllt blieb, und aus denen wir viele Anregungen für die Beziehung zwischen Vorgesetzten und Mitarbeitern ableiten können:

– die Ängste der Eltern vor ihren Kindern und

– die Angst des Lehrers vor seinen Schülern.

Soweit ich sehe, gibt es im Bereich »Angst der Eltern vor ihren Kindern« keine direkte Literatur, obwohl wir unendlich viele Bücher über die Beziehung zwischen Eltern und Kindern besitzen. Allerdings bietet die tiefenpsychologische Forschung viele Hinweise auf unser Thema; selten aber wird es direkt angesprochen. Hingegen gibt es in Märchen und Sagen, ferner in den großen antiken Tragödien und auch in modernen Western und Krimis zahlreiche Beispiele für sehr konkrete Elternängste. Früher gab es ja noch den Vatermord und handfeste Nachfolgekämpfe – und manche Ängste der Eltern waren wohl durchaus berechtigt.

Wir sind heute nicht mehr so impulsiv bei der Lösung unserer Generationenkonflikte, und die meisten Eltern brauchen den Colt ihrer Kinder nicht zu fürchten. Auch Vorgesetzte leben ja heute in dieser Beziehung relativ gefahrlos: Nachfolgekämpfe werden subtiler ausgetragen.

Heutige Eltern haben ganz andere Ängste: Sie fürchten vor allem, daß ihr Kind *mißraten* könnte; im Extremfall: daß es rebellisch, aggressiv, verwahrlost oder kriminell werden könnte. Meistens fürchten sie aber, daß sich das Kind den Leistungsanforderungen *entzieht,* die in unserer Kultur gefordert werden, daß es also passiv wird, daß es den vorgeplanten Lebensweg nicht erreicht – kurzum: daß es ein »Versager« wird.

Weit verbreitet sind die Ängste der Eltern, daß ihr Kind sie »blamiert«. Das kann im engsten Familienkreis, in der Nachbarschaft oder in der Öffentlichkeit passieren – ein »furchtbarer« Gedanke!

Noch stärker und zentraler sind freilich die Ängste, daß das Kind die Eltern *durchschaut*. Diese Furcht bezieht sich auf die zentralsten Lebensbereiche: Machtausübung, (vorgetäuschte) Zuneigung (»aber wir lieben uns doch . . .«), Sexualität und Umgang mit Geld (Besitzstreben). Das Kind darf das wirkliche Verhalten der Erwachsenen nicht erkennen. Die Angst, es könnte die Wahrheit merken, ist riesengroß. Darin enthalten ist die Angst, das Kind könnte das reale Verhalten der Eltern durchschauen und gar darüber lachen und spotten. Eltern müssen immer großartig sein (wie höhere Vorgesetzte).

Sehr große Ängste gibt es im Kontaktbereich: Eltern fürchten, daß sich das Kind von ihnen abwendet, andere Kontakte aufbaut und schließlich – am schlimmsten! –, daß das Kind mich verläßt, mich alleine zurückläßt.

Viele dieser Ängste – wenn auch mit etwas anderer Klangfarbe – werden wir in der Vorgesetzten-Mitarbeiter-Beziehung wiederfinden.

Aber nun: *Die Angst des Lehrers vor dem Schüler!* Auch das ist ein hochgradig verhülltes Thema; erst seit knapp zehn Jahren gibt es darüber einige Bücher (siehe Literaturverzeichnis); obwohl jeder weiß, daß Lehrer unter ihren Schülern maßlos leiden können, daß sie daran kaputtgehen und krank werden. Viele Lehrer zittern vor der Schulstunde.

Oberflächlich betrachtet hat der Lehrer natürlich Angst vor den aufmüpfigen Schülern – also vor dem aggressiven, lauten, unordentlichen, undisziplinierten »Störer«. In Wirklichkeit aber sind die Lehrerängste viel stärker vor dem passiven Widerstand der Schüler – wenn der Lehrer spürt, daß er »nicht ankommt«, daß alle nur rumhängen, daß also eine ganze Klasse »schlecht« ist.

Diese Ängste werden noch dadurch verstärkt, daß der Lehrer unter der Kontrolle (Dienstaufsicht) seiner eigenen Vorgesetzten, also des Direktors, steht. Und auch die Eltern üben starken Druck auf den Lehrer aus: Sie wollen, daß ihr Kind »gut« ist, und daß der Lehrstoff bewältigt und das Klassenziel erreicht wird. Sie erwarten den »Erfolg« des Lehrers an ihrem Kind.

Ganz besonders stark und extrem tabuisiert ist die Angst des Lehrers vor der größeren Unmittelbarkeit, Unbekümmertheit und gefühlsmäßigen Vitalität der Schüler. Der Lehrer ist – wie auch der Vorgesetzte – im allgemeinen ein geordneter, disziplinierter, arbeitsamer, »artiger« Mensch. Die unbekümmerten Reaktionen von Kindern und Jugendlichen sind ihm fremd; er versteht sie nicht recht.

Am stärksten aber ist die Angst, daß die Schüler ihn – den Lehrer – durchschauen, daß sie seine Verkrustungen und erstarrten Charaktereigenschaften merken und ihn verspotten. Er weiß nicht, was sie über ihn denken, was sie über ihn sprechen. Er spürt, daß die sachliche Sprache im Klassenraum und während des Unterrichts nur die Eisbergspitze ihres wirklichen Denkens ist. Was steckt dahinter?

Und wie steht es mit der *Angst des Vorgesetzten?* Er braucht in heutiger Zeit keine Überfälle, keinen Giftmord und keine Revolution zu fürchten. Seine Ängste sind subtiler und: unausgesprochener!

Die offensichtlichste Angst besteht vor dem passiven Widerstand der Mitarbeiter – vor allen diesen Abwehrhandlungen, die man umgekehrt mit dem Zauberwort »Motivation« positiv überwinden möchte, aber das gelingt ja eben nicht so einfach. Diese Ängste sind besonders stark, wenn sich die ganze Gruppe im passiven Widerstand zusammenschließt, wenn die ganze Gruppe in die »innere Emigration« geht. Daher auch die starken Ängste des Vorgesetzten vor der Gruppe . . .

Oft hat der Vorgesetzte auch (berechtigte) Angst vor dem überlegenen Wissen des Mitarbeiters (oder, noch schlimmer: Nachfolgers). Dies gilt vor allem, wenn er gute Fachkräfte um sich hat, oder wenn er selbst sehr alt und damit von der heutigen Fachbildung sehr weit entfernt oder wenn er noch sehr jung und damit unerfahren ist. Diese Ängste sind oft sehr realistisch, denn es fällt dem Vorgesetzten zweifellos schwer, neben seiner Führungsaufgabe noch fachlich auf dem Niveau seiner Mitarbeiter zu bleiben.

Noch hintergründiger sind die Ängste vor der größeren (seelischen) Vitalität und Unmittelbarkeit der Mitarbeiter. Dies trifft vor allem auf akademisch gebildete Vorgesetzte zu, die mit theoretischen Gedankengängen vollgestopft sind, während sie ihre Unmittelbarkeit und Spontaneität weitgehend verloren haben.

Hierzu gehören auch die Unterschiede in der Sprache: Die Mitarbeiter reden viel direkter und unverblümter. Der Vorgesetzte spürt die Isolierung durch seine theoretisch-künstliche Ausdrucksweise.

Analog zur Situation des Lehrers gibt es auch beträchtliche Ängste vor den Witzen der Mitarbeiter, die er oft nicht so ganz versteht. Er spürt, daß er isoliert bleibt.

Die *tiefsten Ängste des Vorgesetzten* aber betreffen die Frage, was der Mitarbeiter *wirklich denkt,* was er von mir hält, ob er mich durchschaut, was er über unsere Abteilung, unsere Arbeit und unseren ganzen »Laden« in Wirklichkeit meint.

Alle diese Ängste haben große Wirkungen auf das Verhalten und auf die geistige Effektivität des Vorgesetzten. Sie machen ihn starrer, unbeweglicher, einfallsloser. Sie verringern seine Flexibilität und seine Kontaktfähigkeit.

Der Umgang mit Vorgesetzten sollte daher keine neuen zusätzlichen Ängste erzeugen – das Ergebnis wäre eine Erstarrung der Fronten und wären sinnlose Auseinandersetzungen. Der *richtige Umgang* mit Vorgesetzten muß daher *immer angstmindernd* sein.

Das heißt natürlich nicht, daß wir vor dem Vorgesetzten auf Knien rutschen und ihn bitten und betteln sollten; das wäre ein absurder Irrtum, der jahrhundertelang geübt wurde. Angstfreier Umgang heißt – und wir werden darüber im fünften Kapitel ausführlich sprechen –: mehr direktes Sprechen, Verminderung der Ungewißheit und bewußte Überwindung der eigenen Ängste.

4.5 Die reale Machtausübung des heutigen Vorgesetzten

Die Macht des heutigen Vorgesetzten ist begrenzt, im Vergleich mit der Zeit vor 200 Jahren sogar erheblich eingeschränkt. Gleichwohl sollten wir die gegenwärtige Machtausübung sehr genau und möglichst realistisch betrachten.

Der Vorgesetzte um 1750 war entweder Gutsherr, Handwerksmeister, fürstlicher Rat (Administrationsbeamter), geistlicher Herr oder Offizier. Die krasseste Macht war mit der Leibeigenschaft verbunden, die damals in Europa gerade überwunden wurde. Damals hatte die Herrschaft noch das Recht, jede Art Arbeit zu befehlen.

Vor zweihundert Jahren hatte der Vorgesetzte das unangefochtene Recht der Bestrafung – bis hin zum Einsperren und Ausprügeln. Er konnte den Untergebenen ohne weiteres entlassen (schärfer: verstoßen!). Er konnte die Höhe des Lohns einseitig festlegen. Und er durfte in zahlreiche persönliche Lebensentscheidungen eingreifen (Wohnung, Heirat).

Demgegenüber ist die Macht des heutigen Vorgesetzten außerordentlich eingeschränkt.

Fassen wir zunächst einmal zusammen, was er *nicht* darf, wo also die Grenzen seiner Macht liegen:

- *Einfach entlassen* (sozusagen von einem Tag zum anderen und ohne Rückfrage). Bei der Entlassung/Kündigung muß er heute sehr viele Vorschriften und Gesetze beachten; er muß Fristen und Formalitäten berücksichtigen usw.

- *Bestrafen.* Der heutige Vorgesetzte kann nicht einfach von sich aus eine Strafe aussprechen. Er muß dafür – in Zusammenarbeit mit Personalabteilung und Betriebsrat – Abmahnungen schreiben lassen, einen Ausschuß bemühen usw.

- *Beschimpfen.* Wenn er das tun würde, macht er sich überall unmöglich.

- *Das Grundgehalt/Tarifgehalt festsetzen oder verändern.* Dieses Recht ist den Tarifparteien vorbehalten, und das sind riesige Verbände. Der individuelle Vorgesetzte kann allenfalls – in sehr engen Grenzen – übertarifliche Zulagen verteilen.

Und:

- Er kann es sich nicht erlauben, das *Arbeitsrecht nicht einzuhalten*. Hier handelt es sich um eine riesige Menge von Gesetzen und Vorschriften, betrieblichen und überbetrieblichen Vereinbarungen über Arbeitsbedingungen, Arbeitszeit, Schutzbestimmungen, Mitbestimmungsrechten, Betriebsrat usw.

Die Machtbegrenzungen des heutigen Vorgesetzten sind also recht umfangreich. Das ist wohl auch ein Grund, warum bei konservativen Persönlichkeiten Ende der siebziger Jahre der Ruf nach der »Wende« aufkam. Im Vergleich mit »früher« war die Machtbegrenzung drastisch und für manche Geister schwer erträglich.

Nachdem wir über die Grenzen der Macht ausführlich gesprochen haben, sollten wir uns aber dem eigentlichen Thema dieses Abschnitts zuwenden und zusammenstellen, welche Macht der Vorgesetzte (auf den unteren Ebenen, d. h. bis zum Betriebsleiter/Unterabteilungsleiter) in Wirklichkeit besitzt. Zunächst bei der täglichen Arbeit:

Er kann (und muß) die Mitarbeiter zur täglichen Arbeit einteilen. Im Rahmen des Aufgabenbereichs und der Stellenbeschreibung bestimmt er, was der einzelne macht, an welche Maschine er geht, welche Arbeiten vorgezogen werden müssen usw. Er darf auch anordnen, wer mit wem zusammen welche Arbeit macht (Zusammensetzung der Arbeitsgruppe). Diese Einteilungsentscheidung ist sehr schwerwiegend und beeinflußt den Arbeitsablauf der Mitarbeiter ganz entscheidend.

Er hat die Macht, die Mitarbeiter gut oder schlecht zu informieren. Er kann wichtige Fragen verschweigen oder verheimlichen; er kann Informationen verändern oder offen aussprechen usw. Obwohl es sich hier um krasses Fehlverhalten handelt, besitzt er zunächst noch die Macht, dies zu tun, denn man kann ihm die Verstöße in der Regel nur schwer nachweisen.

Er besitzt die Macht der Kontrolle, und das auf jeden Fall! Dieses Recht ist – soweit ich sehe – auch durch Arbeitsgesetze kaum eingeschränkt.

Er kann den Mitarbeiter beurteilen. Manchmal gibt es dafür umfangreiche, offizielle Systeme, die aber auch einen erheblichen individuellen Urteilsspielraum enthalten, oft aber hat er im Beurteilungsvorgang völlige Freiheit.

Außerdem hat er eine persönliche, subjektive Meinung über jeden Mitarbeiter, die er zwar nicht ausdrücklich sagt, die er aber doch oft in einer indirekten Weise »ausstrahlt« – eine ganz erhebliche Macht!

Ferner kann er die individuellen Zulagen und Prämien verteilen. Das sind zwar keine großen Beträge, aber er kann damit doch eine große Macht in Form von indirektem Lob oder indirekter Kritik ausüben. Er kann natürlich die Urlaubseinteilung beeinflussen.

Und schließlich – in einer ganz zentralen Weise: Er kann das Kontaktklima beeinflussen. Er kann eine gedrückte, eine unpersönliche, eine unmenschlich-harte oder eine fröhliche Atmosphäre schaffen.

Er signalisiert, wer angenehm und erwünscht, oder wer unangenehm und abzulehnen ist. Er kann ein unausgesprochenes Urteil über die Mitarbeiter abgeben.

Am schlimmsten ist seine Macht, eine widerliche Atmosphäre zu schaffen.

Fassen wir zusammen: Der heutige Vorgesetzte hat nicht mehr die krassen, direkt sichtbaren Rechte und Machtstrukturen wie vor zweihundert Jahren. Er besitzt aber in den zahlreichen feineren Bereichen, die wir geschildert haben, große Machtmöglichkeiten und Spielräume. Er kann also durchaus eine übermäßige, gefährliche Macht ausüben, und damit müssen wir uns auseinandersetzen.

5. Der aktiv-emanzipatorische Umgang mit Vorgesetzten

5.1 Vorbemerkungen

Dieses Kapitel bildet das Kernstück des Buches. Sie werden darin sehr exakte und fundierte Anregungen für Ihren konkreten Umgang mit Vorgesetzten finden.

Wenn Sie das Buch vom Anfang bis hierher sorgfältig durchgearbeitet haben, möchte ich Sie zu dieser geistigen Mühe beglückwünschen. Sie haben sich damit wichtige Grundlagen erworben, um dieses fünfte Kapitel nutzbringend durchzuarbeiten. Der konkrete Umgang mit Vorgesetzten steht nämlich nicht in einem luftleeren Raum, sondern erfordert ein grundsätzliches Nachdenken über die Situation von Vorgesetzten und Mitarbeitern, über Arbeit, Leistung und gesellschaftliche Machtprobleme. Sollten Sie sofort dieses Kapitel aufgeschlagen haben, so möchte ich Sie einladen, ehe Sie weiterlesen, zunächst noch eine Besinnungspause einzuschalten. Vielleicht entschließen Sie sich jetzt noch zur Lektüre der vorherigen Kapitel. Sie werden in jedem Fall davon einen erheblichen Nutzen gewinnen, und Sie werden die Anregungen dieses fünften Kapitels wesentlich besser anwenden können.

Vorweg sollte ich allerdings deutlich sagen, daß dieses Kapitel keine Anleitung zur Zauberei (»Simsalabim – oder wie ändere ich meinen Vorgesetzten . . .«) und auch keine simple Rezeptesammlung ist. Es erfordert vielmehr sehr viel Anstrengung, Mut und gedankliche Arbeit.

Das Ziel dieses Kapitels

Das Ziel eines positiven, aktiv-emanzipatorischen Umgangs ist immer das *Gehirn* des Vorgesetzten, also seine Gedanken und – daraus folgend! – seine Handlungen und Entscheidungen.

Wir wollen also erreichen, daß der Vorgesetzte über das angeschnittene Problem *nachdenkt,* daß er *Einsicht* gewinnt und daraufhin handelt.

Ziel ist also die Einsicht des Vorgesetzten.

Wir wollen z. B. erreichen, *daß er einsieht,*

... daß er so mit mir nicht umgehen kann;

... daß er mich besser informieren muß;

... daß er diese Entscheidung besser vorbereiten muß usw. usw.

Wenn wir dieses Ziel – Einsicht! – haben, müssen wir ihn überzeugen und nicht bedrohen. Ein aggressiver Umgangston ist dafür nicht gerade angebracht. Sie wollen also Ihren Vorgesetzten nicht simpel beschimpfen. Außerdem haben Sie erhebliche Nachteile und negative Folgen – von einer Verwarnung bis hin zur fristlosen Entlassung – zu erwarten, wenn Sie Ihren Vorgesetzten aggressiv behandeln oder öffentlich diffamieren.

Auch die krasse Arbeitsverweigerung ist sicher nicht der richtige Weg, um Einsicht zu erzeugen. Sie ist ohnehin nur in Ausnahmefällen – etwa bei schwerer Gesundheitsgefährdung, bei Verletzungen Ihrer persönlichen Integrität oder bei schweren Verletzungen Ihres Arbeitsvertrages – arbeitsrechtlich möglich. Im Einzelfall ist das Recht zur Arbeitsverweigerung auch in der Regel sehr schwer zu beweisen. (Daher sollten Sie in solchen Fällen möglichst rasch einen Rechtsbeistand durch den Betriebsrat oder einen erfahrenen Juristen Ihrer Gewerkschaft suchen.) Ein Mittel, um Einsicht beim Vorgesetzten zu erzeugen, ist die krasse Arbeitsverweigerung aber kaum.

Unser Weg des Umgangs mit Vorgesetzten ist vielmehr *das Gespräch.* Dieser Weg ist schwierig; er erfordert viel Mühe und bewußte Überlegung. Er erfordert vor allem die innere Auseinandersetzung mit unserer eigenen Angst vor diesem Gespräch.

Mit diesen Fragen werden wir uns nun ausführlich beschäftigen.

Wir beginnen mit einem Beispiel aus der Praxis:

5.2 Situationsbeispiel

Stellen Sie sich bitte folgende Situation vor: Sie sind ein erfahrener Elektromechaniker, Mitte 40, und haben in einem großen

Werk (Metallbranche) die Elektromotoren in drei Werkshallen (A, B und C) zu warten und zu betreuen. Dafür machen Sie regelmäßige Rundgänge und überprüfen in Abständen von ca. drei Wochen jeden einzelnen Motor. Dadurch kennen Sie die Motoren und auch die dazugehörenden komplizierten Maschinen sehr genau. Sie können schon aus dem Klang erkennen, wie es dem einzelnen Motor »geht«, und Sie können die notwendigen Wartungsarbeiten gezielt durchführen. Außerdem kennen Sie in den drei Hallen die Arbeiter und die Meister ziemlich gut und können sich auf deren Arbeitssituation einstellen. Auch erhalten Sie aufgrund Ihres guten Kontakts viele Hinweise über den Zustand der Motoren von den Maschinenarbeitern.

Seit vier Wochen ist nun in Ihrer Gruppe ein neuer Kollege – Herr Heintze. Er kommt von der zentralen Elektrowerkstatt; dort arbeitet man nur in der großen Werkstatthalle und hat sehr wenig Kontakt zu den Betriebsabteilungen. Er ist ein sehr aktiver und wohl auch sehr ehrgeiziger junger Mann (Ende 20), der sich sofort stark an Ihren Meister »rangemacht« hat – also ein sogenannter »Radfahrer«. Der Kollege Heintze redet dauernd von »neuen Methoden« und von der notwendigen Rationalisierung in der Werkstatt. Er ist so ein typischer »Technokrat«.

Gestern hatten Sie ein Gespräch mit Ihrem Meister. Es ging um allerlei Fragen, die aber nicht sonderlich wichtig waren. Plötzlich sagte der Meister – so ganz nebenbei – zu Ihnen:

»Übrigens, Herr X, in der nächsten Woche werden wir bei der Betreuung der Motoren eine kleine Verbesserung einführen. Wir legen in unserer Werkstatt für jeden Motor eine EDV-Karte an, auf der alle wichtigen Daten eingetragen werden.

Schauen Sie einmal dieses Formular; hier wird folgendes eingetragen: Alter des Motors, letzte Reparaturen, Dauer der täglichen Beanspruchung, Belastung durch die zugehörige Produktionsmaschine usw. Das wird alles auf dieser Karte klar eingetragen. Natürlich erhalten die Produktionsabteilungen eine zweite Ausfertigung dieser EDV-Karte und tragen dort täglich die Zahlen – etwa: Laufzeit, Belastung usw. – ein. Diese Daten werden regelmäßig gesammelt und vom Computer ausgewertet.

Wir gewinnen also einen genauen Überblick über den Zustand der Motoren. Und dadurch« – und hier strahlt der Meister! – »können wir enorm Zeit bei den üblichen Rundgängen sparen.

Die EDV meldet uns dann – und zwar: ganz korrekt und objektiv! –, wann welcher Motor gewartet werden muß. Durch dieses System sparen wir also viel Zeit! Ich kann Ihnen daher die angenehme Nachricht überbringen, daß Sie ab nächster Woche Ihre Rundgänge stark reduzieren können. Sie können sich dadurch viel stärker den unmittelbaren fachlichen Arbeiten in der Werkstatt widmen und brauchen nicht mehr so viel draußen rumzulaufen. Ich denke, daß Sie dadurch so viel Zeit gewinnen, um auch die Reparaturarbeiten für die Hallen D und E übernehmen zu können, die ja ähnliche Motoren haben wie die Hallen A bis C.«

Während dieser Erklärungen schaut der Meister Sie strahlend an, als hätte er Ihnen wie ein Weihnachtsmann ein wunderbares, beglückendes Geschenk zu überbringen.

Sie aber sind wie vor den Kopf geschlagen. Sie sind nicht so erfahren oder hartgesotten, um sofort die richtigen Worte zu finden. Es verschlägt Ihnen die Sprache und Sie stottern etwas herum: »Ja, wie ... ich versteh das noch nicht ganz ... Wie kommen Sie denn auf diese Idee? ... Das ist mir ja ganz neu ... Woher haben Sie denn diese Formulare ... Wer hat denn das beschlossen!?«

Der Meister ist ganz freundlich zu Ihnen und sagt: »Ja, schauen Sie, da ist wirklich an alles gedacht: die Umdrehungszahlen, die Temperaturen, alles wird genau beobachtet und eingetragen, ein kleines Meisterstück, diese Karteikarte. Und ich denke, daß wir dadurch bald einige Einsparungen für unsere Werkstatt erzielen können!«

Als ich ihn erstaunt und fragend anschaue, fährt er fort: »Das war eine sehr gute Teamarbeit. Die Kollegen von der EDV haben uns ausgezeichnet geholfen. Natürlich hat auch der Kollege Heintze aufgrund seiner Erfahrungen aus der Zentralwerkstatt manches beigetragen, wofür wir ihm sehr dankbar sein dürfen« (der Meister nickt liebevoll mit dem Kopf, und ich merke, wohin der Hause läuft, aha, denke ich ...) »und die Arbeitsvorbereitung hat die Arbeitsabläufe präzise durchgerechnet.« (Er zeigt einen ganzen Aktenordner mit Tabellen und Kurven, ganz sauber ausgearbeitet – seit Wochen müssen die schon damit beschäftigt sein, wird mir plötzlich klar.)

»Schön, nicht wahr ...!?« lächelt der Meister.

Ich bekomme vor Überraschung, vor Verlegenheit, vor Wut nur einen roten Kopf und stottere: »Ja, es wird wohl so sein . . .« und verschwinde aus der Meisterstube.

Mit einer Mischung aus Durchfall und Verstopfung sitze ich dann eine Viertelstunde auf dem Klo und kann doch nicht.

Den ganzen Abend denke ich an diesen Flop. Ich kann nicht einschlafen und habe eine maßlose Wut im Bauch. Da haben die mich richtig ausgetrickst: Seit Wochen vorbereitet, aber kein Wort gesagt! Und ich darf jetzt für zwei weitere Hallen die Reparaturen machen, und mit den Rundgängen ist es aus. Und das alles hat der liebe Kollege Heintze angezettelt, der neue Lieblingsköter beim Meister.

Am nächsten Morgen ist mir klar, daß ich mit dem Meister sprechen muß. Etwa gegen neun Uhr kommt er durch die Werkstatt. Erst ist er hinten, bei den Drehbänken, jetzt kommt er in unseren Gang – und nun steht er vor mir. Direkt. Unmittelbar. Lächelnd, erfreut.

»Nun, Herr X, wie geht es Ihnen denn an diesem schönen Morgen – alles klar!?«

Ich könnte platzen, sage aber: »Na ja, muß wohl . . .«

Er schaut mich freundlich-lächelnd, aber auch ein wenig väterlich-besorgt und vorwurfsvoll an: »Na, mein lieber X, an einem so schönen Tag . . .!? Was ist denn nicht so gelaufen? Wo drückt denn der Schuh? Zu mir können Sie doch volles Vertrauen haben. Vielleicht kann ich Ihnen helfen. Sie dürfen ruhig Ihr Herz ausschütten.«

Mir wird ekelhaft im Magen. Ich sage zuerst: »Na ja, ist ja nicht so schlimm.« »Aber, aber, wir können doch als Männer über alles reden«, fährt er fort. »Wo liegt denn der Hund begraben?«

»Es ist wegen der neuen Formulare«, sage ich.

»Ach so«, schaut er mich gütig an und lächelt freundlich wie ein Präsident. »Das hätte ich mir auch denken können. Ja, diese Formulare, klar, sehen ja auch sehr perfekt und schwierig aus. So viele Spalten und Eintragungen und Verschlüsselungen. Auf den ersten Blick recht verwirrend. Kommen Sie, ich erkläre es Ihnen genau. Ja, kommen Sie nur mit!«

Er legt seinen Arm um meine Schulter und »geleitet« mich in die Meisterstube, gießt mir einen Kaffee ein.

»Zigarette?«

»Nein, danke!«

»Na, wer wird denn immer nur an die Gesundheit denken, haha-
ha . . . na ja, wenn es Sie glücklicher macht, . . . aber ich darf mir
doch eine anzünden . . . Ja, natürlich, dieses Formular. Schauen
Sie, wenn der Maschinenführer morgens kommt und der Motor
läuft, braucht er nur an dieser Stelle einen Strich zu machen.
Und wenn der Motor steht, wird hier angekreuzt. Und wenn er
mehr als 850 Touren hat, gibt es dort eine Eintragung. So einfach ist das. Und den Rest rechnet uns der Computer aus.
Und jede Woche kriegen wir vom Computer eine Zusammenstellung, und die sieht so aus . . .«

Und der Meister erklärt und erklärt und erklärt, und allmählich
komme ich dazu, mal hier eine Frage zu stellen und mal dort.

Nach einer halben Stunde hat der Meister mir alles erklärt, und
ich habe kapiert, wie die Sache mit den Karten funktioniert. (Unter »Führungsprofis« nennt man das »Motivation«.)

»Na, wird schon gehen«, sagt er und schlägt mir freundschaft-
lich auf die Schulter. Von Mann zu Mann! »Und wenn Sie was
nicht verstanden haben, oder wenn es nicht so klappt, können
Sie natürlich immer zu mir kommen. Sie wissen doch: Meister
Müller ist immer für Sie da!«

Ja, so gehe ich aus der Meisterstube raus. Es ist doch alles
wieder in Ordnung. Daß ich auch so lange brauchte, um dieses
blöde Formular zu begreifen. Was wird der Meister von mir gedacht haben . . .

Aber abends, zu Hause, war ich wieder so unruhig. Irgendwas
steckt mir in den Därmen. Was ist heute nicht so gelaufen? Die
Reparaturen? Aber da war nichts Besonderes. Ist mir das Kanti-
nenessen nicht bekommen?

Wie war eigentlich das Gespräch mit dem Meister gelaufen?

Was war da wohl?

Was wollte ich und: Was habe ich eigentlich erreicht?

Auf einmal merke ich: gar nichts!

Zusammenfassung und kritische Betrachtung

Dies war ein Beispiel für ein völlig sinnloses und uneffektives, für
ein nutzloses Gespräch, wie es sehr häufig im Arbeitsleben vor-
kommt.

Aber: Was war daran falsch und sinnlos?

Kurz gesagt: Ich habe überhaupt nicht über das eigentliche Thema gesprochen! Denn es ging nicht um die Formulare und die EDV-Karten, sondern es ging um das Verhalten des Meisters selbst: um seine Geheimniskrämereien, um sein Klüngeln mit dem Kollegen Heintze und um seine Informationspolitik mir gegenüber. Dieses Thema hätte zentral zur Sprache kommen müssen.

Außerdem war ich schlecht vorbereitet. Ich hatte kein präzises Ziel, und ich hatte keine Strategie, wie ich das Gespräch führen wollte.

Mit diesen Fragen werden wir uns in den folgenden Abschnitten ausführlich und exakt beschäftigen. Ehe wir aber den eigentlichen Aufbau eines solchen Gespräches darstellen, wollen wir uns mit der dafür notwendigen *Beobachtungsgabe* sowie mit dem dafür erforderlichen *eigenen Mut* beschäftigen, denn diese beiden Faktoren sind die *Grundlage für ein wirksames Gespräch.*

5.3 Die richtige Beobachtung

5.3.1 Allgemeine Grundsätze

Die Beobachtungsgabe ist eine entscheidende Voraussetzung, um mit einem Menschen richtig und in einer aktiven Weise umzugehen. Ohne genaues, differenziertes und realistisches Beobachten kann man nicht handeln.

Aber unsere Wahrnehmung ist nicht simpel eine objektive Widerspiegelung der Realität. Sie ist vielmehr außerordentlich subjektiv – mit ganz persönlichen Schwerpunkten und erheblichen Lücken durchsetzt.

Natürlich ist es recht schwierig, die eigenen Wahrnehmungslücken zu erkennen und zu verringern bzw. abzubauen. Unsere Beispiele und Übungen können dafür manche Hilfe und Anregung geben. Allerdings muß man sich dafür Zeit nehmen: Eine Beobachtungsübung muß man intensiv und genau durchführen – man kann nicht einfach schnell darüber hinweg lesen. Es ist kein intellektueller »Stoff«, sondern eine Anregung oder manchmal sogar eine Herausforderung an meine Seele, d. h.: an meine ganze Person! Und die Beispiele wollen Sie bitte auf

Ihre Situation übertragen; Sie müssen sich also hineinversetzen, als ob es in Ihrem Leben geschehen würde.

Wahrnehmungslücken – was ich also nicht merke, nicht spüre und nicht fühle! – hängen ganz zentral *mit mir selbst* zusammen. Sie enthalten die Eindrücke und Erlebnisse, die *ich* vermeiden will, die *mir* peinlich sind, die *ich* nicht wahrhaben möchte. Wir können im Alltag immer wieder feststellen, wie die Menschen mit Angelegenheiten, die ihnen peinlich sind, umgehen: Sie schauen möglichst nicht hin!

Über diese Zusammenhänge hat Fritz *Perls,* der Gründer der Gestalttherapie, besonders viele Gedanken und auch zahlreiche praktische Übungen entwickelt. Wer also seine persönliche Wahrnehmung erheblich vertiefen will, mag zu den Schriften von Fritz *Perls* greifen oder an einer gestaltpsychologischen Gruppe teilnehmen.

Gutes Beobachten hängt somit mit dem Gesamtzustand meiner Person zusammen. Vor allem unsere Ängste erzeugen enorme Wahrnehmungslücken. Andererseits aber kann eine gute Beobachtungsgabe unsere Ängste ganz erheblich vermindern. Was wir genau und richtig erkennen, bereitet uns weniger Angst. Zwischen unserer Beobachtungsgabe und der Stabilität unserer Person besteht demnach ein deutlicher Wechselwirkungsprozeß.

Die Beziehung zum Vorgesetzten ist nun in besonderer Weise durch Ängste bestimmt. (Im nächsten Abschnitt werden wir darauf noch besonders eingehen.) Und so ist auch unsere Beobachtungsgabe in Richtung auf Vorgesetzte sehr unzureichend entwickelt und vielfältig gestört. Vor allem ist sie ganz ungeübt; es gibt dafür keinen Lehrstoff in den Schulen oder in der Berufsausbildung.

In früheren Zeiten gab es vielmehr die umgekehrten, die negativen Einübungen durch besondere Rituale: Man hatte sich vor dem Vorgesetzten zu bücken oder sogar auf den Boden zu knien; vor allem aber hatte man in seiner Gegenwart den Blick zu senken.

Das sind natürlich Rituale, die nicht nur unsere Unterwerfung symbolisieren, sondern welche die reale Wahrnehmung des Vorgesetzten erheblich einschränkten!

Aber auch die ganzen Statussymbole der Vorgesetzten – der Pomp, die Fahnen, die herrlichen Räume, die strahlenden Farben, die Auffahrt der Limousinen usw. – bannen unseren Blick und lenken unsere Wahrnehmung von dem wirklichen Verhalten dieses Menschen ab.

Wir müssen also eine »entlarvende Beobachtung« üben, die natürlich nicht nur auf den optischen Bereich beschränkt ist, sondern die sich in ihrem Kern auf das richtet, was von dem Vorgesetzten gesagt und gemeint wird. Wir gewinnen damit »Durchblick«.

Dabei wird sich unsere Beobachtung auf *drei Bereiche* richten:

Zunächst und unmittelbar auf das direkte *Verhalten des Vorgesetzten:* Was er sagt und was er nicht sagt; wie er sich verhält; ob er ständig nur lächelt, oder ob er zeigt, daß er mitdenkt; ob er steht oder sitzt; wie sich sein Körper bewegt usw.

Dann aber auch *auf mich selbst:* Hier beobachte ich, wie es *mir* in diesem Augenblick geht – wie ich mich fühle –, welche Ängste und Beklemmungen, welchen Druck oder welches Glücksgefühl ich in diesem Moment spüre.

Dann aber sollte ich auch exakt beobachten, wie ich mich selbst verhalte: Was ich sage und wie sich mein Körper bewegt. Ich muß mich also darin üben, mein eigenes Verhalten in diesen Sekunden gleichsam von außen her richtig zu beobachten.

Und schließlich auf das *Feld zwischen uns beiden:* Diese Beobachtung ist zunächst ganz wörtlich gemeint: Wie sind die »Positionen« zwischen uns beiden – der Abstand, die Sitzordnung am Tisch oder am Schreibtisch usw.

Diese äußeren Bedingungen sind bereits sehr wichtig. Entscheidend aber ist das *geistig-seelische »Feld«:* Wie läuft das Gespräch zwischen uns; wieviel Sprechanteil hat er, wieviel habe ich; wieviel Macht wird ausgeübt; kommen wir mit den Themen voran oder drehen wir uns im Kreise . . . Die genaue Beobachtung dieses »Feldes« zwischen uns – und zwar in Abständen von zehn Sekunden – erfordert eine beträchtliche Mühe und Bewußtseinsleistung. Das fällt nicht vom Himmel. Dafür wollen Sie bitte die notwendigen Beobachtungsübungen präzise durchführen.

Die *größten Wahrnehmungslücken* aber haben wir alle in Richtung auf unsere *Gefühle.* Wir können uns schwer eingestehen, welche Gefühle wir *in diesem Augenblick* haben: Ängste, Ärger, Druck, Enttäuschung – aber vielleicht auch: Frohsinn, Leichtigkeit, Erfolg, unbeschwert sein usw. Den Umgang mit unseren eigenen Gefühlen müssen wir also besonders sorgsam entwikkeln. Wir wollen uns bei solchen Gesprächen in 10-Sekunden-Abschnitten bewußt werden, wie wir uns in diesem Moment fühlen.

5.3.2 Die konkrete Beobachtung

Was können wir nun im Gespräch mit dem Vorgesetzten konkret beobachten?

Zunächst sein *ganz allgemeines, äußeres Verhalten:* Ob er sich überhaupt Zeit nimmt; ob er sich ständig durchs Telefon stören läßt; ob er mir einen Stuhl anbietet oder mich stehen läßt . . .

Dann die *Art der Gesprächsführung:* Ob er mich zu Wort kommen läßt; wieviel er selbst redet; ob er große, harmonische Sprüche macht oder exakte Tatsachen bringt; ob er zuhören kann; ob er bei schwierigen Themen ausweicht.

Tiefer noch: Ob er mich überhaupt ernst nimmt; oder ob er mich behandelt wie ein Kind oder wie einen geistig Erkrankten . . .

Und schließlich *im eigentlichen Führungsbereich:* Ob er bereit ist, mich über das anstehende Problem korrekt zu informieren; ferner: ob er überhaupt zu einem offenen Gespräch bereit ist, oder ob er nur seine vorher vorhandene Meinung durchsetzen will; ob er versucht, in meinen Kompetenzbereich einzugreifen; ob er überhaupt das anstehende Problem lösen will, oder ob er sich nur absichern und mich unter Kontrolle bringen will.

Diese Beobachtungen sind freilich sehr vielfältig, differenziert, kompliziert und hintergründig. Bei den ersten Versuchen wird es Ihnen kaum gelingen, alle diese Fragen gleichzeitig zu registrieren. Darum ist eine allmähliche Einübung nützlich. Außerdem können Sie für solche Beobachtungsübungen gute Filme, in denen Führungssituationen ja oftmals enthalten sind, benutzen.

Wir gehen nun noch einen Schritt weiter.

5.3.3 Die gezielte Imagination

Sie können Ihre Beobachtungsgabe noch in einer besonderen Weise vertiefen und bereichern, wenn Sie die gezielte Imagination einüben. Diese Beobachtung verläuft also in der Einbildungskraft (imaginatio), d. h. in der Phantasie. Sie sollte aber gleichwohl sehr präzise und exakt durchgeführt werden. Sie besteht darin, daß Sie sich den anderen Menschen – also: Ihren Vorgesetzten – in bestimmten Situationen vorstellen, die nicht im üblichen Arbeitsleben vorkommen. Diese Situationen sollten zunächst aus dem allgemeinen, alltäglichen Leben (jedoch außerhalb der unmittelbaren Berufssphäre) stammen, dann aber sollten sie in Phantasiebereiche hin erweitert werden, und schließlich sollten Sie sich Ihren Vorgesetzten in typischen Führungssituationen vor Augen halten.

Diese Reihenfolge ist wichtig, um den Effekt einer intensiveren Wahrnehmung zu erzielen. Das heißt, es ist wenig ergiebig, wenn Sie Ihren Vorgesetzten nur in Bildern betrachten, die aus der täglichen Arbeitswelt stammen, wo Sie sein Verhalten ohnehin kennen.

Für diese Imaginationsübungen ist es wichtig, daß Sie die entstehenden Bilder möglichst realistisch und nüchtern betrachten. Sie sollten also nicht versuchen, sich Ihren Vorgesetzten in besonders negativen oder gar lächerlichen Situationen vorzustellen. (Dieses »Spiel« ist ja weitverbreitet, aber unfair und nutzlos, wenn man die exakte Beobachtungsgabe schulen will.) Geben Sie sich vielmehr Mühe, sich Ihren Vorgesetzten möglichst genau und realistisch vorzustellen – d. h. bildhaft vor das innere Auge treten lassen! –, wie er sich in der jeweiligen Situation in Wirklichkeit verhalten würde. Wir zeigen diesen Vorgang einmal an einigen Beispielen, und zwar in den genannten drei Bereichen:

1. *im Alltagsleben:*

Stellen Sie sich Ihren Vorgesetzten vor,

. . . wie er Gardinen aufhängt (wie steht er auf der Leiter, wie ruhig oder unruhig arbeitet er, läßt er sich helfen usw.);

. . . wie er in der Küche Gemüse putzt (wie genau/ungenau macht er es?, entwickelt er ein »System«?, ist er dabei tierisch ernst oder hingebungsvoll ruhig bzw. pfeift er sich ein Liedchen?);

. . . wie er (bei einer großen Organisation) viele hundert Drucksachen in Umschläge einsackt – vielleicht mit anderen zusammen (wie ist seine Stimmung: am Anfang, nach

700 Drucksachen, nach zwei Stunden; wie redet er, was erzählt er usw.).

2. *in ganz neuen Tätigkeitsbereichen:*

Stellen Sie sich Ihren Vorgesetzten vor,

. . . wie er in einem kleinen Zirkus oder Varieté das Seiltanzen lernt (wie sind seine Schritte, ist seine Körperhaltung, wie geht er mit Mißerfolgen um, wie verhält er sich den anderen Kollegen gegenüber? usw.).

Gerade diese Imaginationsübung kann Ihnen sehr viele Einsichten über Ihren Vorgesetzten bringen. Sie sehen ihn plötzlich *körperlich* in einer ganz neuen Situation: Wie findet er sich darin zurecht?

Oder:

. . . wie er Perlen auf eine Schnur aufzieht; oder (freilich recht problematisch):

. . . wie er sich als Polizist bei einem großen Demo-Einsatz verhält. Oder . . .

Und schließlich stellen Sie ihn sich vor

3. *in normalen Vorgesetztensituationen:*

. . . Wie zeigt er Wohlwollen, Ärger?

. . . Wie versucht er, eine Entscheidung durchzusetzen?

. . . Wie telefoniert er?

. . . Wie schlägt er jemandem einen Wunsch aus?

Und:

. . . Wie verhält er sich, wenn seine eigenen Vorgesetzten anwesend sind, wenn er bei seinen eigenen Vorgesetzten einen guten Eindruck machen will? Und so weiter . . .

Diese (dritten) Situationen sind Ihnen bekannt. Es kommt aber bei diesen imaginären Beobachtungsübungen darauf an, daß Sie nicht – wie sonst üblich – Ihre Gefühle und Ängste in die Situation hineinprojizieren, sondern daß Sie versuchen, präzise die Details seines Verhaltens zu erfassen. Sie müssen sich also Mühe geben, *genau* auf die Bilder hinzuschauen.

Durch diese Imaginationsübungen können Sie übrigens Ihre Neugier entwickeln. Sie können Spaß daran gewinnen, Ihren

eigenen Vorgesetzten exakt und realistisch zu beobachten, und
Sie werden (in der Regel) merken:

— er ist immer wieder anders;

— er bietet ein farbenfrohes Bild!

Diese Erkenntnisse sind übrigens die Grundlage, um mit einem
Menschen ohne Angst und in einer realistischen Weise umzugehen.

Wir wollen uns nun mit der Angst und mit Ihrem eigenen Mut
beschäftigen.

5.4 Die Voraussetzung: mein eigener Mut

5.4.1 Erster Schritt: Ängste erkennen

Umgang mit Vorgesetzten erfordert in erster Linie meinen eigenen Mut. Vor dem Mut aber steht die Angst – wie ein Höllenhund
vor der geschlossenen Tür. Damit müssen wir uns also vorweg
auseinandersetzen.

Angst ist ein *körperlicher Vorgang.* Im Körper erleben wir sie in
ihrer ursprünglichen Erscheinungsweise – sie heißt ja auch: an-
gusta, die Enge, die Beklemmung. Nur: Dieses körperliche Gefühl ist bei uns allen sehr verdrängt, wir dürfen es nicht wahrnehmen.

Darum wollen wir es entdecken: Nehmen Sie eine ganz ent-
spannte Haltung ein, am besten auf dem Boden oder auf einer
Couch liegend. Versuchen Sie, zunächst einige Minuten auf die
unmittelbaren Gefühle Ihres Körpers zu achten: Wo sind Verkrampfungen, wo ist alles locker? Nach einiger Zeit können Sie
die Stellen, an denen sich Spannungen befinden, deutlich erkennen: manchmal im Rücken, manchmal in den Schultern, oft
im Bauch, aber auch in den Händen oder um die Augen herum.
Lassen Sie diese Spannungen zu, geben Sie ihnen Raum. Und
dann summen Sie einen Ton, oder atmen Sie tief durch – und
dann schicken Sie diesen Ton oder den Atem in die gespannten
Stellen hinein. Meist werden Sie nach kurer Zeit spüren, wie sich
die Spannungen auflösen.

Sie haben jetzt von Ihrem Körper her einen Zustand relativer
Entspannung erreicht. Und nun denken Sie an eine Situation, in
welcher ein anderer Mensch auf Sie Druck ausgeübt hat. Las-

sen Sie die Einfälle frei kommen. Es kann eine menschliche Situation von gestern sein oder aus Ihrer Kindheit, es kann ein Vorgesetzter sein oder ein Freund bzw. ein Familienmitglied. Lassen Sie den Druck auf sich wirken.

Und nun spüren Sie, welches Organ diesen Druck besonders empfindet. Es kann der Hals sein, die Stirn, aber auch der Brustkorb vorne. Lassen Sie es kommen, dieses Gefühl!

Wenn Sie diese Übung einige Male gemacht haben, gewinnen Sie die Sensibilität zu spüren, wo und wie *Ihr* Körper auf Angst reagiert. Das ist wichtig, Sie können sie nun besser und richtiger registrieren.

Und jetzt versuchen Sie, sich einmal bewußt und absichtlich Vorgesetztensituationen vorzustellen. Was fällt Ihnen dazu ein? Vielleicht eine Situation aus der letzten Woche, als Sie die Verschiebung Ihres Urlaubs erreichen wollten. Wie hat Ihr Vorgesetzter da reagiert – und: Wie war Ihnen zumute?

Lassen Sie andere Situationen aus dem Gedächtnis aufsteigen. Etwa den Konflikt vor drei Jahren, als er . . . Oder den Beginn Ihrer Berufstätigkeit: die ersten Bewerbungen, die Vorstellungsgespräche . . .

Unser Berufsleben ist doch von Anfang an mit erheblichen Ängsten durchsetzt: Werde ich genommen? Wie wirke ich? Finde ich in diesem Moment die richtige Antwort auf eine Frage?

So gewinnen Sie langsam – Stück für Stück – eine innere Landkarte Ihrer Ängste vor Vorgesetzten. Dieses innere Bild sollten Sie von Zeit zu Zeit einmal betrachten und in Ruhe wirken lassen. Sie finden darin Ihre eigene Erfahrungslogik von Ihren Ängsten im Umgang mit Vorgesetzten:

– Wo liegen die Schwerpunkte?

– Was trifft mich besonders?

– Welches Verhalten eines Vorgesetzten zog mir gleichsam den Boden unter den Füßen weg?

Und beachten Sie dabei auch Ihren Körper. Angstsituationen sind immer mit Körperreaktionen verbunden. Mehr noch: Die Reaktionen Ihres Körpers – seine Logik! – sind unmittelbarer, wahrer und somit wichtiger als die Reaktionen Ihres Verstandes, Ihrer Gedanken. Der Körper ist der unmittelbare Resonanzboden, und wir sollten seine Sprache entdecken und spüren.

Erweitern Sie diese Übungen von Zeit zu Zeit auf Ihre Kindheit und auf die anderen Lebensbereiche (außerhalb der Berufswelt). Fragen Sie sich: Welche Menschen und welche Situationen haben mich so unter Druck gesetzt, daß mein Körper mit Enge – also mit Ängsten – reagierte. Das ist eine recht schwierige Beobachtungs- und Erinnerungsaufgabe, denn diese Situationen sind oftmals verdrängt – sie sind tabuisiert –, wir dürfen sie nicht »wissen«, sie sind uns »entfallen«, abgesackt in halbbewußte und unbewußte Bereiche und Kellerkammern.

Oft sind es ja die Menschen, die wir eigentlich lieben und achten sollten: Eltern und Geschwister. Oder Lehrer. Oder Nachbarn. Wir sollten sie lieben – aber in Wirklichkeit haben sie uns viele Ängste bereitet.

Unsere Ängste vor Menschen, die Macht ausüben, haben in unserer frühesten Kindheit begonnen. Sie sind Teil unserer Lebensgeschichte. Wir sollten daher versuchen, sie wieder zu entdecken – nicht vollständig, aber rahmenhaft-ungefähr. So gewinnen wir die wahre Landschaft unserer Ängste. Wir betrachten sie und finden damit zu uns selbst.

Und nun wollen wir uns damit beschäftigen, diese Ängste zu überwinden.

5.4.2 Zweiter Schritt: Ängste überwinden

Die methodisch besten Möglichkeiten, Ängste zu überwinden, wurden in den letzten Jahrzehnten von der Verhaltenstherapie entwickelt. Sie beruhen auf sehr klaren und einfachen Grundprinzipien, die aus der Lernpsychologie abgeleitet sind. Etwa:

– Jeder gute Lernprozeß verläuft Schritt für Schritt. Dabei müssen die jeweiligen Lernstufen sehr sorgsam ausgewählt werden.

– Jede erreichte Lernstufe muß eine Belohnung bieten, wobei dies auch schon das klare Bewußtsein des Erfolgs sein kann.

Nach diesen Prinzipien werden die individuellen Lernprozesse maßgeschneidert und sorgfältig aufgebaut. Sie führen gegenüber der Angst zur Desensibilisierung und zur besseren Bewältigung der Situation. Von außen betrachtet sehen solche Stufenpläne manchmal recht simpel oder fast banal aus – aber: Man muß sie auch durchführen!

Ein freundliches Beispiel ist die Überwindung der Angst eines Kindes vor Spinnen. Der Lernprozeß muß natürlich in einer angenehmen, entspannten Atmosphäre vonstatten gehen – etwa: Das Kind sitzt am Tisch mit seiner Lieblingsspeise. Im ersten Lernschritt wird in weiter Entfernung das Bild einer Spinne gezeigt. In weiteren Lernschritten kommt das Bild näher, während immer die Lieblingsspeise genossen wird. Im 5./6. Lernschritt erscheint in der Zimmerecke eine wirkliche Spinne. Es geht dann immer positiv weiter, im 10. Lernschritt marschiert sie über den Tisch und im 12. Lernschritt . . .

So schön sind also systematische Lernvorgänge zur Überwindung der Angst (und im 13. Lernschritt mag das Kind nicht mehr ohne seine geliebte Spinne am Tisch sitzen).

Wenn Sie also nach diesen Prinzipien ein Lernprogramm zur Überwindung Ihrer Vorgesetztenängste aufstellen (und durchführen!) und zum Schluß nicht mehr ohne Ihren Vorgesetzten in Urlaub fahren können – dann scheint allerdings irgendwas an diesem Lernprozeß aus der Kontrolle geraten zu sein. Darum: Machen Sie es nicht so perfekt. Eine gute, realisierbare Möglichkeit sieht folgendermaßen aus:

Sie schreiben sich auf einem großen Blatt eine Liste von Situationen auf, in denen Sie im Umgang mit Ihrem Vorgesetzten Spannungen, Druck oder Ängste spüren. Das ist übrigens Ihre persönliche Liste – lassen Sie sich diese Zusammenstellung nicht von anderen Menschen suggerieren!

Und dann machen Sie sich auf einem anderen Blatt eine Skala, das ist *Ihre* »seelische Hühnerleiter« der Angststärke. Machen Sie diese Skala nicht zu kompliziert, sondern lediglich 7 bis 8 Stufen, denn eine feinere Einteilung kann man nicht überblicken – etwa:

Stufe 7: Schwere Ängste; Sie möchten aus der Situation fliehen.

Stufe 6: Beträchtliche Ängste; Sie fühlen sich ziemlich unwohl.

Stufe 5: »Ich wollte, die Situation wäre bald zu Ende.«

Stufe 4: Angst ist deutlich. Die Situation ist unangenehm.

Stufe 3: Der Druck ist lästig.

Stufe 2: Ein gewisser Druck ist spürbar.

Stufe 1: Leichte Spannungen.

Stufe 0: Gar keine Spannungen.

Das ist übrigens die Skala *Ihrer* Gefühle; lassen Sie sich diese Einstufung von keinem anderen Menschen suggerieren – etwa: »Vor so etwas brauchst Du doch keine Angst zu haben ...« Sie müssen vielmehr zu Ihren eigenen Gefühlen finden, und diese Gefühle müssen von Ihrem Körper ausgehen. Ihr Körper muß sagen: So fühle ich!

Und dann nehmen Sie die Liste der Situationen, in denen Sie Druck, Spannungen oder Ängste gegenüber Vorgesetzten empfinden (siehe oben) und bewerten jede einzelne Situation mit dem jeweiligen Angstgrad. Das machen Sie bitte in Ruhe und sorgsam; Sie müssen die Gefühle wirklich kommen lassen. Und dann ordnen Sie auf einem nächsten Blatt die Situationen nach Ihrer Angst-Schwierigkeits-Stufe. Auf diese Weise erhalten Sie Ihre persönliche Stufenleiter Ihrer Ängste gegenüber Vorgesetzten. Dieses Blatt betrachten Sie von Zeit zu Zeit einige Minuten; es wird Ihnen sehr viel helfen. Gelegentlich stellen Sie sich dabei die Frage:

– Was ist eigentlich die innere Logik dieser Schwierigkeits-Pyramide? Das heißt:

– Warum fällt mir diese Situation leicht und jene schwer? Sie können dadurch die Ursachen und die Struktur Ihrer Vorgesetztenängste herausfinden.

Dieses Blatt können Sie auch als *Grundlage für Übungen* benutzen. Bauen Sie diese Übungen aber nicht so perfekt wie in einer methodisch exakten Verhaltenstherapie (siehe oben das Spinnenbeispiel) auf, sondern machen Sie einen rahmenhaften Übungsplan (nach Wochen aufgebaut):

in der ersten Übungswoche suchen Sie zwei Situationen aus Schwierigkeitsstufe 1 zu bewältigen (Sie führen z. B. ein Gespräch mit dem Vorgesetzten, das Ihnen nur leichte Spannungen verursacht);

in der zweiten Übungswoche führen Sie – gleichsam als Wiederholung und zur Stabilisierung Ihrer Fähigkeiten ein Gespräch der Stufe 1 und zwei Gespräche der zweiten Stufe;

in der dritten Woche üben Sie als Wiederholung die Stufe 2 und gehen weiter zur dritten Stufe.

Und so geht dieses Übungssystem in den folgenden Wochen aufwärts.

Diese Anregungen wollen Sie niemals ganz formal und wörtlich verstehen. Es können erfolgreiche oder mißlingende Phasen dazwischenkommen, die Sie natürlich sinngemäß berücksichtigen müssen.

Kern der Sache ist:

1. Sie müssen *Stufe um Stufe* vorgehen! Jede übersprungene oder zu hohe Stufe führt zu Rückschlägen. Die Stufen müssen also gut aufeinander aufgebaut sein.

2. Die *Schwierigkeitsstufen* lassen sich *nur aus Ihrem eigenen Gefühl* ableiten. Lassen Sie sich Ihre Gefühle nicht von anderen Menschen suggerieren.

3. Jeder Übungsprozeß erfordert ein gewisses Ausmaß an *Systematik und Ausdauer.* Vorgänge, die in unserer Persönlichkeit so tief verankert sind wie unsere Ängste vor Vorgesetzten, lassen sich nicht durch ein paar zufällige Übungen in drei Wochen überwinden.

Alle Fähigkeiten, die Sie besitzen und auf die Sie stolz sind (z. B. Fremdsprachen, handwerkliche Fähigkeiten usw.) haben Sie in jahrelangen, mühseligen Lernprozessen erworben.

Vielleicht wenden Sie für Ihre eigene Person auch eine gewisse Systematik und Ausdauer auf. Und damit verlassen wir den Abschnitt »Ängste« und betrachten die andere Seite: den Mut.

5.4.3 Dritter Schritt: Mut entwickeln

Mut und Körper

Mut ist etwas ganz anderes als nur Überwindung von Ängsten. Mut ist ein eigener Klangkörper – eine andere Lebensform –, eine andere Art Atmung. Sie spüren es an den Reaktionen Ihres Körpers: Wir haben vorher die Gefühle der Angst zu erfassen versucht. Und jetzt begeben wir uns in eine Situation des Mutes.

Stellen Sie sich zunächst einen Menschen vor, der eine schwierige menschliche Situation – etwa eine Auseinandersetzung mit einem hartnäckigen Gegner – mutig (aber nicht aggressiv) bewältigt: Seine Muskeln sind angespannt, aber nicht verkrampft. Er steht frei und aufrecht da; wenn es geht, ist Schwung zu erkennen. Seine Bewegungen haben Rhythmus und Dynamik. Aus seinen Augen leuchtet etwas. Seine Stimme ist kräftig, kommt von innen heraus und schwingt in den Raum hinein, so daß sie den anderen erreicht. Der ganze Körper ist also vom Mut erfaßt.

Versuchen Sie nun, auch in Ihrem Körper die Signale des Mutes zu entdecken. Sie müssen an eine Situation denken, die Ihnen mit einem gewissen Schwung, also mit Eleganz gelungen ist.

Wenn Sie sich jetzt entspannt hinlegen, werden Sie manche Veränderungen spüren: Die Atmung wird voller; das Atemzentrum (unterhalb des Zwerchfells) wird wärmer, überhaupt werden viele Muskeln (an Brust und Schultern) stärker und lebendiger. Oft gibt es auch deutliche Erwärmungen in der Schultergegend. So lernen Sie – im Liegen – die Landkarte des Mutes in Ihrem Körper kennen. Sie wird – vermutlich – ganz andere Schwerpunkte aufweisen als die Landkarte der Angst!

Noch deutlicher werden diese körperlichen Empfindungen, wenn Sie solche Übungen im Gehen oder im Stehen machen. Am besten gehen Sie in einem weiten Raum – oder draußen – zunächst möglichst entspannt einige Zeit hin und her. Dann stellen Sie sich eine Mutsituation vor – und gehen weiter. Sie werden dann spüren, wie sich Ihr ganzer Körper verändert, straffer wird: Ihr Gang, aber auch das Mitschwingen des Oberkörpers, der Schultern, die Kopfhaltung usw. Die Wahrnehmung wird präziser, der Blick wird lebhafter.

Und dann bleiben Sie stehen und stellen sich vor, daß Sie jetzt dem anderen Ihre Meinung sagen. Von den Fußsohlen über Knie, Becken, Bauch, durch die ganze Wirbelsäule bis zu den Schultern, Hals und Kopfhaltung durchzieht Sie eine strömende, warme Kraft. Lassen Sie diese Eindrücke auf sich wirken.

Wir gehen nun einen Schritt weiter und kommen zu den geistig-seelischen Vorgängen.

Die Philosophie des Mutes

Wir kommen jetzt zu den entscheidenden Fragen. Sie lauten:

– *Wann* bin ich mutig? und:

– *Woher* kommt mein Mut?

Gewiß gibt es blinden Mut. »Mut hat selbst der Mameluck . . .«, heißt es bei Goethe. Dieser Mut wird vor allem entwickelt in militärischen, autoritären Dressurprozessen. Dieser – meist männliche – starre und unpersönliche Mut ist hier nicht gemeint.

Der echte Mut kann nur aus innerer Überzeugung und durch bewußtes Nachdenken wachsen. Er fällt also nicht einfach durch sture Dressur und auch nicht durch verhaltenstherapeutische Übungsabläufe vom Himmel.

Echter Mut kann nur entstehen, wenn man weiß, worum es geht. Und gerade die Auseinandersetzung mit den großen Institutionen (Staat, Verbände, Kirchen, Unternehmen) und die Konflikte mit Menschen, die mehr Macht haben als ich (also mit Eltern, Lehrern und natürlich auch mit Vorgesetzten) erfordert eine denkerische, eine bewußte geistige Stellungnahme. Ohne Nachdenken und ohne Gespräche mit anderen, Gleichgesinnten, ja: ohne die Mühe des Lesens kann man (in heutiger Zeit) komplizierte gesellschaftliche Probleme nicht mutig bewältigen. Ich muß also eine gewisse Sicherheit gewinnen, *warum* ich jetzt so handele und welche Strukturgesetze (Macht, Abhängigkeit, Folgen) in dieser Situation zu berücksichtigen sind.

Die Wechselwirkung zwischen Mut und Gesprächsverlauf

Mut ist kein statisches Phänomen nach dem Motto »Ich habe Mut« oder »Ich habe keinen Mut«. Mut entwickelt und verändert sich vielmehr ständig. Dies geschieht vor allem im Verlauf von Gesprächen – genauer gesagt: im Verlauf von *schwierigen* Gesprächen.

Das oben geschilderte Gespräch mit dem Meister (siehe Seite 71 ff.) verlief entmutigend, und zwar: Runde um Runde immer stärker. Ich wurde Schritt für Schritt in die passive Rolle gedrängt; immer mehr bestimmte der Meister das Thema und den gesamten Gesprächsverlauf. Und in diesem Ablauf wurde mein Mut immer geringer.

Das Schlimmste daran war, daß ich während des Gesprächs gar nicht merkte, wie ich immer mehr in die Ecke gedrängt wurde, und wie ich gar nicht dazu kam, mein Thema anzuschneiden: nämlich über den Meister selbst und seine Klüngeleien zu sprechen. Und ich merkte auch gar nicht, wie von Minute zu Minute mein Mut geringer wurde – wie also ein grausiger Verdrängungsprozeß in mir selbst ablief, und wie ich schließlich sogar dachte, es sei ein ganz angenehmes Gespräch, als der Meister mir (sehr freundlich!) die neuen Formulare für die Maschinen erläuterte.

Erst viel später – am nächsten Morgen – merkte ich, daß mir so unwohl gewesen ist, und daß dieses Gespräch offenbar nicht gut gelaufen war. Die schrecklichste Form der Entmutigung ist also die Verdrängung, bei der ich gar nicht merke, wie mir der Mut verlorengeht. Mutige Gespräche erfordern daher ein hohes Maß an Bewußtheit. Ich muß den realen Ablauf – die Machtstrukturen und die Veränderungen der Positionen – in dieser Minute richtig registrieren können. Ich muß merken, ob das Gespräch zu meinem Ziel hinläuft oder davon abkommt. Und vor allem muß ich das Gefühl entwickeln, wie es mir selbst in diesen Sekunden geht – noch schärfer: wie es meinem Mut in diesen Sekunden geht.

Mein eigener Mut verändert sich also im Ablauf eines Gespräches ständig. Wenn ich vom Thema abkomme, oder wenn ich vom anderen stark angegriffen werde, bekommt mein Mut einen Schwächeanfall – vielleicht zunächst nur geringfügig. Aber ich sollte es merken, um meinen eigenen Zustand und damit das Gespräch positiv beeinflussen zu können.

Denn mein Mut kann sich auch steigern. Das wird immer dann geschehen, wenn ich einen Satz präzise und eindeutig gesagt habe – wenn ich spüre, daß der andere darüber nachdenkt, daß er meine Worte aufnimmt.

Und sobald sich mein Mut entwickelt und größer wird, werde ich auch einfallsreicher und frischer. Ich gewinne Souveränität; ich finde zu mir selbst. Die Worte kommen dann leichter und flüssiger, sie sind treffsicherer und lockerer, nicht so ernsthaft-verkrampft wie bei zunehmender Mutlosigkeit.

Natürlich gibt es auch den Über-Mut. Er wird immer dann auftreten, wenn ich die bewußte Steuerung des Gesprächsablaufes verliere, wenn ich aggressiv und wütig und unbesonnen in den Bereich des anderen eindringe – wenn ich ihn verletze oder in die Ecke dränge –, oder wenn ich mich selbst falsch und illusionär einschätze. Hier muß echtes Bewußtsein die Schranken zeigen. Wir können nicht einfach »volle Pulle« fahren, sondern müssen das »Feld« zwischen uns beiden richtig, d. h. realistisch einschätzen.

Aber gerade die bewußte Steuerung eines schwierigen Gesprächs kann uns ein außerordentliches Erfolgsgefühl bereiten und unseren Mut deutlich stärken. Wenn ich selbst spüre, daß ich in einer schwierigen, komplizierten Situation den Ablauf richtig registrieren und steuern kann, werde ich ein unerhörtes, warmes Glücksgefühl gewinnen. Und das ist der Mut!

Übungen zur Entwicklung des eigenen Mutes im Umgang mit Vorgesetzten

Die Bedeutung solcher Übungen darf allerdings nicht überschätzt werden. Sie sollten auch nicht versuchen, Mut in sehr perfekten Lernprozessen (wie die Verhaltenstherapie bei der Überwindung der Angst) zu entwickeln. Mut muß immer ein lebendiger, ein dynamischer und spontaner Vorgang bleiben – nicht einfach auf Befehl einschaltbar. Ein Hauch des Risikos, des Unvorhersehbaren bleibt in jeder mutigen Handlung!

Andererseits sollten Sie aber ein gewisses Gerüst vor Augen haben, in welchen konkreten Handlungen sich Ihr Mut im Umgang mit Vorgesetzten verwirklicht. Es sind oft recht kleine Handlungen, die aber erhebliche Folgen auslösen können.

Führen Sie solche Übungen auch zunächst in privaten Gruppierungen durch, nicht im Berufsleben, sondern etwa in Vereinen oder in einer Partei o. ä., wo Sie keine Laufbahn anstreben, sondern einfach nur Mitglied sind. Zu einem späteren Zeitpunkt, wenn Sie in solchen Situationen sicherer geworden sind, übertragen Sie Ihre Erfahrungen auf den Umgang mit beruflichen Vorgesetzten.

Und nun *einige Beispiele:*

Sie *verlangen* von einem Höherstehenden (z. B. dem Vorsitzenden Ihres Vereins),

... daß er einen Satz präziser ausspricht, wenn er gerade etwas verschleiern will;

... daß er auf meine Anregung ausführlicher eingeht;

... daß er mich über eine wichtige Sache besser oder rechtzeitiger informiert.

Oder:

– Sie stellen einen Antrag, der von den »höheren« Menschen ungerne gesehen wird;

– Sie entlarven eine »harmonische« Atmosphäre (»Friede, Freude, Eierkuchen«) durch unangenehmes Hinterfragen;

– Sie entlarven eine vorher ausgeklügelte Scheinwahl und verlangen eine echte, geheime Wahl mit mehreren Kandidaten.

Ähnlich können Sie übrigens auch im Umgang mit Ämtern vorgehen und dadurch Sicherheit gewinnen:

- Sie verlangen eine Auskunft, die man Ihnen verweigert;
- Sie verlangen die eilige Bearbeitung einer dringenden Sache;
- Sie verlangen die »Übersetzung« der Behördensprache in normales, verstehbares Deutsch bei einem komplizierten Formular; oder
- Sie verlangen mehr Zuwendung und Höflichkeit im Umgangston.

Sie werden spüren, daß alle diese Handlungen etwas Unangenehmes, Widerwärtiges an sich haben. Sie werden auch den Widerstand und die Abwehr der anderen Seite spüren.

Mut aber *entsteht,* wenn Sie davon *überzeugt* sind, daß es notwendig und wichtig ist, so zu handeln, und wenn Sie spüren, daß eine solche Handlung Schwung und Kraft in Ihnen erzeugt.

Mutige Handlungen entwickeln eine eigene Dynamik, die ich durchaus genießen darf.

5.5 Die emanzipatorisch-aktive Einwirkung auf den Vorgesetzten

5.5.1 Grundsätze

Wer sich an schwierige Situationen im Umgang mit Vorgesetzten erinnert, wird in der Regel zunächst an Ungerechtigkeiten und Konflikte denken, die ihm persönlich durch den Vorgesetzten zugefügt wurden. Diese Erlebnisse haben eine besonders verletzende Wirkung und kommen uns daher als erstes in den Sinn. Wir werden natürlich diese Situationen hier genügend berücksichtigen und dafür konkrete Anregungen geben.

Aber wir wollen uns nicht in erster Linie mit diesen subjektiven Problemen beschäftigen, denn sie machen im gesamten Umgang mit Vorgesetzten nur einen Teil aus. Das Vorgesetztenverhalten greift nämlich sehr viel stärker und umfassender in unser (Arbeits-)Leben ein – z. B. bei allgemeinen Entscheidungen über die Arbeitsabläufe, über die Ziele, über die Personalprobleme in unserer Abteilung usw. Wir wollen daher unseren Umgang mit Vorgesetzten unter allgemeinen, nicht nur subjektiv-individuellen Gesichtspunkten betrachten.

Unser *Grundsatz für einen aktiven Umgang mit Vorgesetzten* *lautet:*

Wir müssen anstreben, *Gleichwertigkeit* zu erreichen!

Gleichwertigkeit heißt:

- bei jeder Entscheidung sollten sein Anteil und mein Anteil in gleicher Weise zur Wirkung kommen;
- bei positiven Ergebnissen und Erfolgen muß sein Anteil und unser Anteil im gleichen Ausmaß zur Geltung kommen;
- bei Mißerfolgen, Sorgen und Einschränkungen müssen die Schwierigkeiten und Belastungen zwischen ihm und uns in gleicher Weise verteilt sein, d. h. es darf nicht »Sieger« geben und Leute, die den Mißerfolg ausbaden müssen.

Diesen Vorgang wollen wir »Gleichwertigkeit« nennen. Es kommt nicht auf das Wort an. Man kann es auch als »Gleichberechtigung«, »kooperativen Stil«, »Mitbestimmung« o. ä. bezeichnen, nur sind diese Begriffe bereits seit Jahrzehnten mit komplizierten Bedeutungsgehalten vorbelastet. Wir wollen *konkret* zeigen, was mit »Gleichwertigkeit« gemeint ist, und wie sie erreicht werden kann.

Diese Gleichwertigkeit bezieht sich natürlich auf die beiden Hauptbereiche des Vorgesetzten:

- auf die organisatorisch-koordinierenden Aufgaben (Produktion- und Sachprobleme) und
- auf die Aufgaben der Menschenführung.

Diese beiden Bereiche werden wir jetzt auf das Ziel »Gleichwertigkeit« hin genauer betrachten. Die *organisatorisch-koordinierende Aufgabe* des Vorgesetzten leitet sich bekanntlich aus zweierlei ab:

- aus dem Auftrag, den er »von oben«, also von der Unternehmensleitung, erhält, und
- aus der Tatsache, daß es *unsere* Arbeitsergebnisse sind, die er zu organisieren und zu koordinieren hat.

In diesem organisatorischen Bereich heißt nun Gleichwertigkeit, daß *wir* ein Recht haben, von ihm zu verlangen, daß er unsere Arbeitsergebnisse, die wir immerhin mit sehr viel Mühe und Arbeitskraft hergestellt haben, sinnvoll und richtig organisiert. Es ist bekannt, daß die Fehler und Versäumnisse der Vorgesetztenebenen in diesem Bereich weit schwerwiegender und folgenreicher sind als Fehler oder sogenannte »Faulheit« auf der untersten Ebene. Es gibt zahlreiche Beispiele dafür, daß Unternehmen wegen ihrer unzureichenden Koordination und Organisation zusammengebrochen sind. Es ist also eine schlichte Tatsache, daß viele Vorgesetzte diese Organisationsaufgabe nur sehr unzureichend wahrnehmen – teils, weil sie schlecht organisieren können (sie sind oftmals hervorragende Fachleute, aber das ist eine ganz andere Fähigkeit als das Organisieren), teils, weil sie zu passiv oder zu sprunghaft sind, oder (sehr häufig) weil sie in erster Linie nur ihren persönlichen Vorteil (d. h. ihre Karriere) im Blick haben. Unzählige Entscheidungen sogenannter »politischer Natur« werden ja aus dem Abteilungsegoismus heraus, d. h. in Wahrheit aus der subjektiven »Politik« dieses Vorgesetzten heraus getroffen.

Gleichwertigkeit heißt nun, daß wir von ihm *verlangen* müssen, daß er die Organisationsaufgaben gut, korrekt, einfallsreich und objektiv erledigt, kurzum: daß er sich damit große Mühe gibt! Wir haben, da es sich um unsere Arbeitsergebnisse handelt, ein Recht, ihn darin zu kontrollieren, und wir müssen mit ihm darüber sprechen. Wir müssen diesen Einfluß ausüben. Wir können ihm in diesem Bereich nicht einfach einen Freibrief ausstellen.

Es ist klar, daß wir dies nur gemeinsam erreichen können.

Bei der eigentlichen *Menschenführungsaufgabe* ist Gleichwertigkeit noch schwerer zu erreichen. Wir haben ja konkret dargestellt (siehe Kapitel 3), daß die Fähigkeiten der Vorgesetzten, die Führungsaufgabe gut wahrzunehmen, aufgrund seiner Position und seines gesamten Lebenslaufs sehr begrenzt sind. Die menschlichen Kontaktfähigkeiten sind bei Vorgesetzten oftmals erheblich eingeschränkt durch Subjektivität und Egozentrik, durch negative Auswahlkriterien (man macht meist Menschen zu Vorgesetzten, die einen sehr hohen Leistungseinsatz gezeigt haben), durch einseitigen Blickwinkel aufgrund ihrer Position, durch Arroganz und schließlich durch die einseitige Grundphilosophie. Wir müssen daher gerade in diesem Bereich sehr große Mühe aufwenden, Gleichwertigkeit zu erzielen. Das heißt: Wir wollen erreichen, daß er unsere Meinungen, unsere Gedanken achtet und sich sehr genau anhört. Das heißt konkret: Wir müssen verlangen, daß er mit uns bespricht, wie menschliche Probleme gelöst werden, wie eine Umorganisation oder eine Versetzung gehandhabt wird, wie unsere Leistung zu beurteilen ist, wie wir gefördert werden können. Vor allem aber: Wir müssen eine umfassende Information über alle wichtigen Fragen verlangen.

Diese Gleichwertigkeit ist übrigens langfristig nur zu erreichen durch zahlreiche, geduldige, aber auch deutliche Gespräche. Sie fällt nicht einfach oder auf einen Schlag vom Himmel! Es geht also um schwerwiegende, folgenreiche Probleme. Wir sollten daher diese Gespräche gut vorbereiten. Daher werden Sie im nächsten Abschnitt eine fundierte Anleitung über Aufbau und Zielsetzung solcher Gespräche finden, die Sie möglichst sorgsam durcharbeiten sollten.

Auch möchte ich darauf hinweisen, daß Sie diese Probleme niemals nur aus dem eigenen Kopf heraus – also vereinzelt und in Isolation von anderen – zu durchdenken haben. Sie können dabei außerordentliche Fehler machen oder sich in einseitige und unrealistische Gedanken hineinsteigern, wenn Sie alleine über Ihren Ärger mit dem Chef grübeln. In der Isolierung entstehen gewaltige Realitätsverkennungen! Sie sollten also in solchen Situationen dringend den Kontakt zu Kollegen und Freunden suchen. Besonders fundierte Hilfe werden Sie natürlich von Ihren Vertrauensleuten oder durch Ihren zuständigen Betriebsrat finden.

Außerdem ist es wichtig, daß Sie Ihren Betriebsrat rechtzeitig und umfassend über die Schwierigkeiten im Umgang mit Ihren Vorgesetzten informieren, damit er auf dem laufenden bleibt. Er muß in der Lage sein, sich ein allgemeines Bild über die Zustände in der jeweiligen Abteilung zu bilden. Wenn jeder seine Probleme nur für sich behält und still in sich hineinfrißt, kann der Betriebsrat niemals wirklich helfen.

Auch sollten Sie vor solchen Gesprächen unbedingt die Rechtslage abklären – ebenfalls durch Rücksprache beim Betriebsrat oder (in sehr schwerwiegenden Fällen) bei einem im Arbeitsrecht erfahrenen Juristen Ihrer Gewerkschaft. Die Rechtsproblematik umfaßt übrigens sehr viel mehr als nur die Kenntnis der Paragraphen im Betriebsverfassungsgesetz über die Mitbestimmung am Arbeitsplatz. Das grundlegende Arbeitsrecht ist bereits äußerst umfangreich; es ist außerdem vielfältig realisiert in Form von Arbeitsordnungen, betriebsinternen Richtlinien, Betriebsvereinbarungen zwischen Geschäftsleitung und Betriebsrat usw. Vor allem aber sind alle diese Gesetze, Richtlinien, Erlasse und Betriebsvereinbarungen zu betrachten vor dem Hintergrund der Entscheidungen der höheren und höchsten Gerichte

(Landes- und Bundesarbeitsgericht) *und* den bislang vorhandenen Kommentaren! Die arbeitsrechtliche Situation kann also kein Laie durchschauen; Absicherung durch rechtzeitige Rücksprache mit dem Betriebsrat oder einem Juristen der Gewerkschaft ist daher dringend geboten.

Unsere Anregungen über den Umgang und die Gespräche mit Vorgesetzten sind allerdings keine juristischen Erörterungen. Natürlich sollten Sie nichts tun oder sagen, was Sie juristisch ins Unrecht setzt; und darüber sollten Sie sich im Einzelfall exakt beraten lassen. Aber für den *Umgang* sind nicht die Gesetze und Kommentare der Juristen bedeutsam, sondern die Gesetze der menschlichen Sozialfaktoren. Was wir nunmehr für die Gesprächsführung schildern, ist somit von den juristischen Gedankengängen unabhängig. Der menschliche Umgang hat eben ganz andere Schwerpunkte.

Wir können uns übrigens die Beziehung zwischen Ihnen und Ihrem Vorgesetzten in Form von ganz einfachen Strukturbildern vor Augen führen. Dabei geht es um das »Feld« zwischen mir (ICH) und dem Vorgesetzten (VORG).

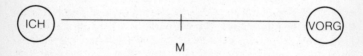

Gleichwertigkeit ist dann erreicht, wenn keiner in das Feld des anderen eingreift oder den anderen an die Wand drückt. Beide haben ihr Feld, bis zur Mitte (M).

Ungleichwertigkeit liegt dann vor, wenn der Vorgesetzte mich an die Wand drückt (Pfeil 1) oder mich persönlich angreift (Pfeil 2) oder wenn er mir indirekt, hintenrum Stiche versetzt (Pfeil 3).

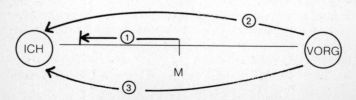

Dann muß ich ein Gespräch führen und mich wehren. Aber natürlich kommt es auch vor, daß ich zu weit gehe (1), daß ich den Vorgesetzten angreife oder verunsichere (2) oder in seinen Bereich eindringe:

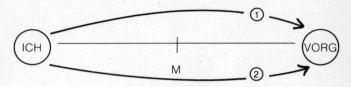

In solchen Fällen, die es durchaus gibt, muß ich also erkennen, daß ich »zu weit gegangen« bin. Dann hilft nur der »geordnete Rückzug«.

In den nächsten Abschnitten werden wir uns nun ausführlich mit dem Gespräch zwischen Ihnen und Ihrem Vorgesetzten beschäftigen.

5.5.2 Das Ziel des Gesprächs

Wenn Sie ein schwieriges Gespräch erfolgreich führen wollen, müssen Sie es sorgsam vorbereiten. Sie müssen über die Situation nachdenken, und Sie müssen sich eine Leitlinie, eine Strategie ausarbeiten. Das ist das *Ziel* des Gesprächs. Das Ziel sind allerdings *nicht* die *Worte,* die Sie Ihrem Vorgesetzten im Verlauf des Gesprächs sagen wollen. Üblicherweise, wenn Sie vor einem schwierigen Gespräch stehen, denken Sie sich aus, was Sie dem anderen *sagen* wollen. Diese Vorbereitung ist aber meistens sehr unrealistisch und wenig nützlich, denn das Gespräch verläuft in der Regel ganz anders, als Sie es sich vorher in Ihrem Gehirn (meistens: im Bett liegend) ausmalen.

Wenn Sie sich nur darauf vorbereitet haben, welche Worte Sie dem anderen *sagen* wollen, werden Sie nach kurzer Zeit den Faden verlieren und hilflos werden. Ihre so schön vorbereiteten Worte passen nicht mehr in den lebendigen, tatsächlichen Gesprächsverlauf hinein.

Das *Ziel des Gesprächs* sind daher nicht die konkreten Worte, die Sie ihm sagen wollen, sondern es ist: *die Leitlinie für Ihre Worte!*

Die erste, entscheidende Beschreibung des Gesprächsziels lautet daher:

Das Ziel ist die Leitlinie, gleichsam der Leitstrahl für Ihre Worte.

Anhand dieses Leitstrahls können Sie erkennen, ob sich Ihr Gespräch in Richtung auf das Ziel bewegt oder nicht. Dadurch können Sie das Gespräch steuern.

Viele Gespräche laufen vom Ziel weg; sie entfernen sich immer mehr vom eigentlichen Thema – zum Beispiel: Sie wollten (in unserem Beispiel, siehe Seite 73) mit dem Meister über sein Verhalten, vor allem über seine Klüngelei mit dem Kollegen Heintze sprechen. Inzwischen aber spricht der Meister mit Ihnen über *Ihr* Verhalten. Das Gesprächsziel hat sich geradezu umgedreht!

Viele Gespräche landen bei einem Nebenthema und drehen sich dort im Kreise.

Zum Beispiel: Sie wollten mit dem Meister über seine Klüngeleien sprechen, inzwischen aber geht es in dem Gespräch über die Formulare. Der Meister erläutert Ihnen – scheinbar sehr freundlich und hilfsbereit –, wie Sie mit den neuen Formularen umgehen können; aber darum ging es doch gar nicht in Ihrem Gespräch!

Das Gesprächsziel sind also nicht die Worte, sondern es ist die Leitlinie, an der sich Ihre Worte orientieren können. Lernen Sie daher nicht die Worte vorher auswendig, und erwerben Sie sich – bitte! – auch keine Taktiken oder Techniken der Gesprächsführung (z. B. Fragetechnik oder Argumentationstechnik), Sie werden dadurch steif und unlebendig. Sprechen Sie vielmehr so, wie es Ihnen in diesem Moment zumute ist, und wie es zu Ihrer Person paßt! Wenn Sie gewohnt sind, langsam zu sprechen, so tun Sie das, und wenn Sie Beispiele aus dem Alltag bringen wollen, dann tun Sie es. Haben Sie also den *Mut,* gerade in solchen, schwierigen Gesprächen »*Sie selbst*« zu sein.

Denken Sie aber stets an das Ziel des Gesprächs:

– Was wollen Sie eigentlich erreichen?

– Was ist eigentlich das zentrale Thema?

Das ist also die Leitlinie, und damit können Sie das Gespräch steuern. Sie muß gleichsam im Hinterkopf gespeichert werden.

Die *zweite Gesetzmäßigkeit* lautet:

Wenn das Gesprächsziel die Leitlinie sein soll, muß es *kurz und knapp* sein.

Es darf kein »halber Roman« sein, sondern muß aus ein oder zwei Sätzen bestehen. Diese Sätze müssen allerdings sorgsam ausgearbeitet werden – am besten vorher mit guten Kumpanen durchgesprochen. Und sie sollten exakt auf ein Blatt Papier aufgeschrieben werden.

Der *dritte Gesichtspunkt* lautet:

Das Ziel muß *erreichbar* sein, und zwar in *diesem Gespräch*.

Zu hohe Ziele sind immer gefährlich oder schädlich. Sie verleiten uns, einen sinnlosen, unrealistischen Druck auf den anderen Menschen auszuüben. Sie verführen zu großartigen Worten und hehren Sprüchen.

Wir können aber nicht in *einem* Gespräch erreichen, daß sich der andere Mensch vollständig ändert oder eine Kehrtwendung um 180 Grad vollzieht. Wir können uns vielmehr mit einem Gespräch immer nur um eine Treppenstufe im Gehirn des anderen vorwärts bewegen. Zu hohe Ziele sind immer unrealistisch und stören dadurch die Gesprächsatmosphäre erheblich.

Der *vierte Gesichtspunkt* nennt den eigentlichen *Inhalt* des Gesprächsziels:

Das Ziel des Gesprächs ist das, was der andere hinterher denkt und daraufhin tut.

Dieser Leitsatz hat also ganz andere Schwerpunkte als die übliche Gesprächsvorbereitung. Er bedeutet:

Es kommt nicht darauf an, was *ich* dem anderen *sagen* will. Das ist reine Egozentrik – also Ichbezogenheit, und die können wir vergessen. Es kommt vielmehr ausschließlich auf den anderen an: Seinen Kopf müssen wir erreichen. Wir müssen daher auch nachdenken und uns Mühe geben zu verstehen, was überhaupt im Kopf des anderen – also des Vorgesetzten – vorgeht.

Ferner ist damit ausgedrückt: Es kommt *nicht* auf das an, was der andere *sagt,* sondern entscheidend ist das, was er *denkt!* Und in einem schwierigen Gespräch wird sehr viel mehr gedacht als ausgesprochen.

Aber wir gehen noch einen Schritt weiter: Es kommt gar nicht darauf an, was er in diesem Moment denkt, sondern entscheidend ist das, was er hinterher – also: morgen, übermorgen oder noch später – über dieses Problem denkt.

Wir müssen also dem anderen – dem Vorgesetzten – Zeit geben, über die Sache nachzudenken. Wir wollen ihn nicht in dieser Minute überfahren, sondern wir wollen erreichen, daß er sich mit diesem Problem in einer bestimmten Weise beschäftigt. Und *zum Schluß* sei gesagt, daß wir natürlich auch erreichen wollen, daß er etwas tut. Unser Gespräch ist kein theoretischer Disput; es geht um reale schwerwiegende Fragen, und es soll auch etwas geschehen. Aber zunächst müssen wir erreichen, daß er darüber nachdenkt.

Ein solches Gespräch enthält also sehr komplizierte Vorgänge, die in einem oder in zwei Sätzen als Leitlinien zusammengefaßt werden. Das muß man zweifellos üben – nicht gerade in schwierigen Konfliktgesprächen mit Vorgesetzten, sondern in einfachen Situationen im Alltagsleben. Aber nach einigen Übungen werden Sie Sicherheit gewinnen, ein Gesprächsziel konkret aufstellen und danach das Gespräch steuern zu können. Sie werden spüren, daß die Effektivität Ihrer Gespräche dadurch erheblich wächst!

Wir wollen jetzt noch genauer erläutern, welchen konkreten Schwerpunkt ein gutes Gesprächsziel haben kann:

Angenommen, Ihr Vorgesetzter hat Sie »überfahren« und versucht eine andere Arbeitseinteilung einzuführen. Sie wollen natürlich durch das Gespräch erreichen . . .

Nun, was wollen Sie erreichen!?

Angenommen, Sie wollen erreichen, daß er die neue Arbeitsverteilung vorher mit Ihnen in Ruhe bespricht.

So weit, so gut. Das ist aber noch nicht das Ziel des Gesprächs; das Ziel ist vielmehr, was er – hinterher, also nach dem Gespräch mit Ihnen! – über die Sache denkt, und was er daraufhin tut bzw. entscheidet.

Und nun fragen wir uns genauer: Wollen Sie erreichen, daß er die Arbeitseinteilung in Zukunft mit Ihnen bespricht:

. . . aus Angst vor Ihnen (dann müssen Sie ihm drohen); oder

. . . aus Mitleid mit Ihnen (dann müssen Sie bitten und betteln); oder

. . . aus Einsicht.

Einsicht ist offenbar das entscheidende, das richtige Ziel. Und dieser Leitstrahl »Einsicht« wird dann Ihr Gespräch in einer ganz anderen Weise steuern, als wenn Sie bei ihm Angst erzeugen und ihm drohen würden.

Die zentrale Frage lautet also in der Regel:

- *Welche Einsicht* wollen Sie bei Ihrem Vorgesetzten anregen? Und:
- *Welchen Grad der Einsicht* können Sie in diesem Gespräch erreichen?

5.5.3 Das vorbereitete Gespräch

Insgesamt gehören zum Gesprächsablauf fünf Teile:

- Entschluß,
- Vorbereitung,
- Anfangsphase,
- Diskussionsphase und
- abschließende Zusammenfassung.

Diese Bereiche wollen wir jetzt im einzelnen betrachten.

Der Entschluß, dieses Gespräch zu führen

Das Gespräch mit dem Vorgesetzten beginnt de facto in dem Moment, wo ich die ersten Sätze tatsächlich zu ihm sage. Erst dann ist es ein Gespräch; vorher kann es immer noch eine Gehirnphantasie bleiben. (Wie oft habe ich mir schon vorgenommen: »Dem will ich's aber sagen!« Und wie oft habe ich wirklich mit ihm gesprochen?!)

Da ich aber ein solches Gespräch gut vorbereiten sollte, beginnt es im Zeitablauf bereits beim *Entschluß*. Und damit ist auch die besondere Bedeutung und Ausstrahlung dieser Phase verbunden. Der *Entschluß* ist nämlich die *entscheidende Weichenstellung;* daraus leitet sich alles andere ab. Ohne den Entschluß, daß es notwendig ist, diesen Weg zu gehen, bleibt das Gespräch kraftlos und ohne geistiges Zentrum. Ich muß mich also mit diesem Gespräch voll identifizieren; das geschieht durch einen Entschluß.

Die Vorbereitung

Die Vorbereitung umfaßt in erster Linie die *Zielsetzung.* Ich muß mir darüber klar werden, was ich wirklich und entscheidend erreichen will. Danach muß ich überlegen, was ich in diesem Gespräch tatsächlich erreichen kann. Und dieses Ziel muß ich mir in zwei Sätzen aufschreiben.

Erinnern wir uns: Das Ziel ist das, was der Vorgesetzte nach dem Gespräch über das Problem denkt und daraufhin in Zukunft tut. Wenn Sie noch ungeübt sind, sollten Sie einige Mühe darauf verwenden, dieses Ziel konkret auszuarbeiten. Besprechen Sie diese Fragen auch mit Freunden oder guten Kollegen. Es ist besser, wenn mehrere Personen diese Gedanken prüfen.

Neben dem Ziel müssen Sie natürlich auch die allgemeinen *Tatsachen* dieses Problems zusammentragen; Sie müssen Informationen sammeln und den Tatbestand einigermaßen überblicken. Machen Sie aber diese Vorbereitungen nicht zu perfekt! Sie geraten sonst in die Gefahr, viel zuviel Zeit dafür einzusetzen. Wenn Sie nämlich *alle* erforderlichen Informationen zusammentragen wollen, dauert das oft mehrere Wochen oder Monate, und Sie kommen vor lauter Vorbereiterei gar nicht zum Gespräch selbst.

Auch ist ein solches Gespräch kein Gerichtsverfahren, in dem alle Tatsachen bewiesen werden müssen. Es kommt – ich wiederhole – nicht in erster Linie auf die Tatsachen an, sondern auf das, was der Vorgesetzte hinterher darüber denkt – vor allem aber: Was er über Sie und über sich selbst denkt!

Der Beginn des Gesprächs

Der Anfang eines schwierigen Gesprächs ist eine sehr wichtige Phase. Es kommt darauf an, mit wenigen Sätzen zu sagen, worum es geht, d. h. den Sinn dieses Gesprächs klarzustellen. Sie müssen dabei – in unserer Modell-Zeichnung ausgedrückt – sofort und eindeutig zeigen, wo die »Mitte« liegt (Pfeil 1):

Häufig wird am Anfang erst einmal »freundliche Atmosphäre« gemacht. Man redet über das Wetter oder über die lieben Kinderlein. Wenn der Vorgesetzte mit solchen Nebenthemen anfängt, dann machen Sie ruhig das »Spielchen« eine Weile mit. Dann aber kommen Sie »zur Sache« und sagen etwa:

»Ich möchte jetzt gerne das Problem . . . mit Ihnen besprechen!« Sie können auch zum Ausdruck bringen, daß Sie das Problem für (sehr) wichtig bzw. ernsthaft halten, und daß es Sie ziemlich bewegt. Diese Gefühle darf man durchaus sagen! Verfehlt aber wäre es, wenn Sie – von sich aus – damit anfangen, erst irgendwelche harmlosen Nebenthemen anzuschneiden, aus der (falschen) Meinung heraus, man müßte erst »gute Atmosphäre« schaffen und ein paar harmlose Fragen besprechen, um erst später mit dem schwerwiegenden Teil zu kommen. Das ist zwar eine uralte Volksmeinung, die aber in ihrer Wirkung nie bewiesen werden kann. Wir möchten vielmehr empfehlen, gleich »zur Sache« zu kommen.

Die ersten Sätze sind schwierig. Sie sollten exakt in der »Mitte« landen und das Problem beim Namen nennen. Weitverbreitet sind allerdings »harmlose« erste Sätze, die nur einen kleinen Teil des Problems anschneiden und wenig Konfliktstoff enthalten.

Zum Beispiel: Statt darüber zu sprechen, daß der Meister Sie übergangen hat, fangen Sie mit dem Aufbau der Formulare an. Es gibt ein längeres Gespräch über dieses Thema, bei dem der Meister, der die Formulare ja erfunden hat, Sie gütig belehren kann. Erreicht ist nichts. Sie haben daher einen Frust im Bauch; und erst fünf Minuten später (zu spät!) müssen Sie das eigentliche Thema anschneiden (und der Meister sagt: »Warum sagen Sie das nicht gleich und halten mich erst mit was anderem auf?«).

Umgekehrt ist es natürlich auch nicht gut, wenn Sie aggressiv loslegen und gleich eine volle Salve in das »Feld« des Meisters oder (noch schlimmer) auf seine Person abfeuern. Zum Beispiel: »Was Sie da mit den Formularen gemacht haben, ist doch vollkommener Schwachsinn!« Oder, indirekter, aber auch sehr verletzend: »Sagen Sie mal, wen haben Sie denn da wegen der Formulare um Rat gefragt!?«

Wir müssen also versuchen, in einer direkten, aber nicht aggressiven Weise mit den ersten drei, vier Sätzen das Thema auf den Tisch zu legen – also zu sagen, worum es mir geht. Weil das so schwierig ist, empfiehlt es sich durchaus, diese ersten Sätze mit einem Freund oder einem guten Kollegen vorzuprüfen. Sie wollen dabei nicht Ihre Worte wie ein Papagei auswendig lernen –

das wirkt nachher wenig überzeugend –, sondern Sie können auf diese Weise vorprüfen, wie die Worte zu gewichten sind und *wo* sie liegen:

– zu schwach?

– zu aggressiv und im Bereich des Vorgesetzten?

– oder: richtig!

Ich gebe hier einige Beispiele für solche Eröffnungen:

> »Wir haben uns ja immer gut verstanden. Es geht mir heute auch nur um eine Kleinigkeit. Ich habe nicht ganz verstanden, warum Sie die neuen Formulare eingeführt haben . . . Vielleicht können Sie es mir mal erläutern.«

Dieser Anfang ist offensichtlich viel zu undeutlich und schwach. Ein anderes Beispiel:

> »Wenn Sie den Plan mit den neuen Formularen einführen, müssen Sie aber die Konsequenzen auch alleine tragen! Das wollte ich Ihnen nur mal gesagt haben!« Wums!

Bei einem solchen Gesprächsanfang dürfte es in Kürze zu einer Eskalation kommen; beide Seiten werden erhebliche Verletzungen davontragen. Eine andere Eröffnung könnte lauten:

> »Ich möchte heute mit Ihnen über die Sache mit den neuen Formularen und der neuen Arbeitsverteilung sprechen. Ich habe den Eindruck, daß Sie hier wichtige Veränderungen planen, ohne überhaupt mit mir darüber vorher zu sprechen, während Sie den Rat von manchen anderen Leuten dazu längst eingeholt haben.«

Das war deutlich, aber nicht aggressiv. Nach einer solchen Eröffnung weiß der Vorgesetzte sehr genau, worum es Ihnen geht. Und das ist der positive Sinn der Eröffnungsphase.

Es folgt nun die *Diskussionsphase*. In der Regel wird hier der Vorgesetzte seine Gegenargumente vorbringen. Oftmals wird er dabei viel reden; zahlreiche Sachfragen werden dabei angeschnitten. Manchmal wird es sehr konkret sein; Sie werden sich dabei erdrückt fühlen durch einen Wust von Zahlen, Fakten, Zeichnungen usw. Manchmal wird es aber auch nebelhaft-verschwommen bleiben; große, hehre Worte werden auf Sie niederregnen; der allgemeine Bestand des christlichen Abendlandes und unserer Firma und natürlich auch unserer Abteilung steht auf dem Spiel – und darum mußte man, natürlich nur aus sachlichen Gründen, diese Lösung mit den Formularen finden.

»Wir haben uns die Entscheidung nicht leicht gemacht«, wird er sagen, »aber nach Abwägung aller Gegebenheiten schien uns dies doch die umfassendste Regelung zu sein. Wir wissen natürlich, daß diese Lösung von Ihnen Opfer verlangt, lieber Herr Kowalewsky, aber wir alle müssen ja unser Päckchen tragen – Sie wissen ja, wie ich mich immer für Sie eingesetzt habe! – und darum natürlich verstehn Sie es, ich habe Sie ja immer als einen verständigen Menschen kennengelernt, so waren wir doch immer verblieben, darauf baut ja unsere Zusammenarbeit auf«, und so weiter, und so weiter, »wir alle werden mit gutem Beispiel vorangehen, und so darf ich wohl auch von Ihnen erwarten . . .«

Sie denken: Das kann doch nicht wahr sein! So eine Klüngelei hintenrum, und nun so viele vaterländische Worte. Nein, denken Sie: mit mir nicht! Aber was tun Sie jetzt, in dieser Sekunde?

Die wichtigste *Leitlinie für die Gesprächsführung* in diesem Augenblick lautet:

> *Lassen Sie ihn ruhig reden!*

Es kostet Sie ja nichts – oder, genauer gesagt: Alle diese schönen Worte richten ja keinen Schaden an. Sie sind zu schön, um wirksam zu sein.

Nein, nein, keine Ängste! Ein wichtiger Grundsatz der Gesprächsführung lautet: Lassen Sie den Vorgesetzten in dieser Phase in Ruhe ausreden. Stellen Sie gelegentlich mal die eine oder andere konkrete Frage. Oder korrigieren Sie kurz, wenn es sich um deutlich erkennbare Tatsachen handelt, die Sie anders wissen. Aber – und das ist entscheidend –:

> *Lassen Sie sich nicht in eine solche Scheindiskussion verwickeln!!!*

Lassen Sie ihn reden und hören Sie zu. Sie werden viel darüber erfahren, *warum* er sich mit so vielen Worten verteidigt. Er hat nämlich nach den ersten beiden Sätzen Ihrer Eröffnung längst gemerkt, worum es Ihnen ging. Und nun versucht er, Sie vom Thema abzubringen.

Darum: Lassen Sie ihn ausreden. Und dann kommen *Sie* auf den *Kern der Sache* zurück. Hier liegt die wesentliche Bedeutung der Zielsetzung als Leitlinie des Gesprächs: Sie können daran erkennen, in welche Richtung das Gespräch geht. Und gerade in dieser zweiten Phase dürfen Sie sich nicht aus der Fahrtrichtung bringen lassen.

Ihr Ziel ist es (in diesem Fall), mit dem Vorgesetzten über sein eigenes Verhalten zu sprechen. Und darum müssen Sie – sobald er ausgeredet hat – auf das eigentliche Thema wieder zurückkommen. *Sie* müssen also dieses Gespräch auf der Leitlinie halten – *Sie* müssen das Gespräch führen und steuern. Und das dürfen Sie tun, denn es ist *Ihr* Gespräch, und *Sie* haben darauf bestanden und es in Gang gesetzt.

Die entscheidende Aufgabe der zweiten Phase besteht also darin, das Gespräch so zu führen, daß beim Thema (Ziel) geblieben wird.

Zum Schluß kommt noch die *Zusammenfassung*. Sie ist bei jedem längeren, vor allem aber: bei jedem schwierigen und erregten Gespräch wichtig. Gerade konfliktreiche, komplizierte Gespräche enthalten für beide Beteiligte so viele Eindrücke und haben uns so stark bewegt, daß nur zufällige Schwerpunkte in der Erinnerung bleiben. Hinterher kann sich keiner so recht erinnern, was eigentlich alles so gesagt worden ist. Daher ist in solchen Gesprächen eine Schlußzusammenfassung sehr nützlich. Allerdings sollten Sie nicht versuchen, den Vorgesetzten durch diese Zusammenfassung zu einer bestimmten Handlung oder Entscheidung zu drängen. Unser Ziel ist ja das, was er *nach* dem Gespräch denkt und daraufhin tut. Wenn er morgen oder übermorgen zu einer Entscheidung kommt, genügt das oft. Es wäre dann aber sehr falsch, ihn jetzt zu einer Entscheidung drängen zu wollen. Ein solcher (unangemessener, unnötiger) Druck kann das ganze Gespräch zum Schluß noch hochgehen und platzen lassen. Davon hat niemand einen Vorteil.

Eine *gute Schlußzusammenfassung* schildert daher in wenigen und kurzen Sätzen noch einmal, worum es mir ging, welche Gesichtspunkte der Vorgesetzte dazu vortrug, und wie es in den nächsten Tagen weitergehen soll, was jetzt getan werden muß, welche Unterlagen noch besorgt werden müssen.

Diese Zusammenfassung muß möglichst kurz, aber klipp und klar sein!

5.5.4 *Das unerwartete, plötzliche Gespräch*

Stellen Sie sich vor: Ihr Vorgesetzter kommt zu Ihnen und sagt mit ziemlichem Nachdruck: »Herr X, es tut mir leid, aber Sie können nicht mehr an dieser Maschine weiterarbeiten. Sie müssen ab morgen in die Verpackung und dort aushelfen!«

Vielleicht erzählt er Ihnen dann noch, wie wichtig Ihre Aufgabe in der Verpackung sei . . . Oft sagt er das natürlich viel krasser, zum Beispiel: »Meyer! Das bringt hier nichts. Morgen melden Sie sich in der Verpackung!« Zack – Zack!

Sie können nun fein still schweigen und Ihre ganze Wut in sich hineinfressen – oder Sie können etwas fragen, sagen, sprechen. Das ist die *Sekunde des unerwarteten, plötzlichen Gesprächs.* Auf einmal ist es da – wie ein Blitz – und nun:

– Was tun Sie?

– Was denken Sie?

– Was fühlen Sie?

Dieses Gespräch ist irrsinnig schwierig. Es erfordert meinen ganzen Mut, Entschlossenheit und zugleich auch bewußte Überlegung und Steuerung. Wer kann das schon: plötzlich und aus der Hand?!

Dennoch: Ein solches Gespräch kann hinreißend schön sein. Wie Fliegen oder Autorennen. Da ist noch Pep drin, da muß ich handeln in dieser Sekunde, blitzschnell überlegen, Gas geben, bremsen, Steuer rumwerfen . . .

Lassen Sie uns daher die *Leitlinien* für ein solches Gespräch herausarbeiten. Worum geht es, und was kann ich tatsächlich erreichen?

Das unerwartete Gespräch hat zwei Schwerpunkte:

– einmal die unmittelbare Wirkung und

– zum anderen: Zeit gewinnen!

Die *unmittelbare Wirkung* hat das *einzige Ziel,* die Aufmerksamkeit des Vorgesetzten darauf zu lenken, *daß ich auch etwas zu sagen habe.* Es geht dabei gar nicht um den genauen Sachverhalt – es geht einzig und alleine darum, in den Ablauf des Gesprächs hineinzukommen und die routiniert ablaufende »Walze« zu unterbrechen. Es geht aber auch darum, bereits in dieser Sekunde etwas zu zeigen, nämlich:

Zweifel und Widerspruch!

Was aber sollen Sie nun konkret sagen? Weit verbreitet ist die Frage: »Warum?« Man glaubt, damit den Vorgesetzten zu veranlassen, die Angelegenheit näher oder ausführlicher zu erläutern. In der Regel ist diese Frage aber weniger nützlich, denn der Vorgesetzte spürt zwar Ihre Abwehr und Ihren Widerspruch, kann jedoch ausweichen auf sachliche Fragen und wird Ihnen vermutlich einen längeren Vortrag über die Aufgaben und Vorzüge der Verpackungsabteilung halten.

Aber darum geht es doch gar nicht! Sachliche Gründe mögen genügend vorhanden sein – das eigentliche Problem ist jedoch *die Art,* wie er mit *mir* umgeht, wie er *mich* behandelt, wie er *mich* plötzlich vor vollendete Tatsachen stellt und versucht, *mich* zu überrumpeln. Er hat es doch seit langem gewußt, daß er mich in die Verpackung versetzen will, aber darüber kein Wort gesprochen, sondern kommt plötzlich auf die Überrumpelungstour. *Dagegen* muß ich mich doch wehren! Ich muß also zeigen, daß ich das Spielchen durchschaue.

Übrigens kommen derartige plötzliche Eingriffe und Überrumpelungsmanöver nicht nur auf der untersten Ebene der körperlichen Arbeit vor – sie sind auch im Bereich der Angestellten und auch bei leitenden Angestellten und Managern weit verbreitet. Oftmals werden langfristige, hochkomplizierte Probleme niemals offen besprochen, sondern plötzlich mit Überrumpelungstaktik zu lösen versucht. Manchmal geschieht das auch in Besprechungen: Unter vier Augen wurde das Thema nie erwähnt – aber vor dem gesamten Kreis von zehn Kollegen wird plötzlich ein Papier aus der Tasche gezogen: ». . . Und ich denke doch, daß wir ab nächste Woche diese neue Regelung einführen, nicht wahr, Herr Meyer!?«

Wie verhält man sich nun in dieser Sekunde, und wie sieht die Leitlinie aus?

Die Frage »Warum?« ist indirekt-aggressiv und lenkt nur ab auf die Sachfragen. In Wirklichkeit geht es doch darum, in dieser Sekunde zu zeigen, *daß ich das Verhalten des Vorgesetzten durchschaue,* und *daß ich nicht bereit bin, mich überrumpeln zu lassen.*

Alle Antworten, die ausdrücken, daß Sie sich überrumpelt fühlen, sind also in dieser Sekunde angemessen. Auch müssen Sie deutlich machen, daß es nicht um die Sachfrage (um die Arbeit in der Verpackung) geht, sondern um das Verhalten des Vorgesetzten. Sie müssen also zum Ausdruck bringen – in Sekundenschnelle! –, daß Sie *über ihn* (den Vorgesetzten) sprechen, nicht über die Verpackung!

Die Worte, die Ihnen in diesem Moment einfallen, und die Art des Sprechens können wir Ihnen nicht »vorkauen«. Bleiben Sie vielmehr auch in diesem Moment »Sie selbst«, das heißt: Reden Sie so, wie es Ihrer Persönlichkeit entspricht. Wichtig ist nur, daß Sie *einfach und deutlich* sprechen. Es genügt zum Beispiel, als erstes zu sagen:

»Nanu!?«

Sie drücken damit Widerspruch und Verwunderung aus. Gut und direkt ist auch die Frage: »Seit wann ist denn dieses Problem bei Ihnen bekannt?«

Oder Sie sagen:

»Da fühle ich mich aber übergangen.«

Noch deutlicher ist:

»Sie haben da etwas entschieden, ohne überhaupt vorher mit mir Rücksprache zu nehmen.«

Oder man kann – noch eindeutiger – fortfahren:

»Ich finde es nicht gut, daß Sie so mit mir umgehen. Sie stören damit unsere Zusammenarbeit!«

Diese letzten Sätze zeigen übrigens unmißverständlich, daß Sie *ihn* meinen. (Es geht nicht um ein Sachproblem!)

Übrigens können Sie nur dann in dieser Weise reagieren, wenn Ihre Beobachtungsgabe, also Ihre Wahrnehmung geschult ist, so daß Sie blitzschnell erkennen können, was da abläuft – und: Wenn Sie zu sich selbst gefunden haben, wenn Sie Ihren eigenen Mut entwickelt haben.

Der *zweite Teil* des unerwarteten, plötzlichen Gesprächs besteht darin, *Zeit zu gewinnen*. Sie müssen sich ja nun erst die nötigen Informationen beschaffen, Sie müssen sich auf das Thema vorbereiten usw. Hier ist es am besten, wenn Sie das direkt sagen:

»Ich schlage vor, daß wir über diese Angelegenheit einmal in Ruhe und ausführlich sprechen.«

Und wenn der Vorgesetzte dies verhindern möchte: »Sie haben es offensichtlich eilig. Aber ich höre davon zum ersten Mal, und ich muß mich mit dieser Frage erst noch beschäftigen. Machen wir rasch einen Termin aus. Ich möchte Sie aber bitten, mich möglichst bald zu informieren, was überhaupt zu dem Thema vorliegt.«

(Diese Sätze sind wirklich nur als rahmenhafte Anregung gedacht!)

Wenn Sie erreicht haben, daß über das Thema einmal in Ruhe gesprochen wird, dann läuft die Vorbereitung dieses Gesprächs in ähnlicher Weise ab, wie wir es oben geschildert haben. (Wichtig: Entschluß fassen, dann: Ziel aufstellen, und schließlich: die Einzelheiten vorbereiten.)

5.6 Die Bereiche des Umgangs mit Vorgesetzten

5.6.1 Als erster Bereich: Die Arbeitszuweisung

Wir wollen davon ausgehen, daß Sie einen Arbeitsvertrag haben und daß Sie bereit und fähig sind, im Rahmen dieses Arbeitsvertrags angemessen, d. h. durchschnittlich zu arbeiten. Dann hat Ihr Vorgesetzter das Recht zu bestimmen, welche Arbeiten Sie im einzelnen machen und mit wem Sie dabei zusammenarbeiten. Diese Anweisungen des Vorgesetzten haben Sie zu erfüllen; daran sollte kein Zweifel bestehen.

Dieses Anweisungsrecht des Vorgesetzten läßt aber in der Regel einen sehr weiten Spielraum:

– wie er mit Ihnen spricht und umgeht;

– welche Arbeiten er gerade Ihnen zuweist; und

– mit welchen Kollegen zusammen er Sie einteilt.

Optimal wäre es, wenn der Vorgesetzte kooperativ mit der gesamten Arbeitsgruppe umgeht. Dann gibt er die anfallenden Aufgaben rahmenhaft an die Gruppe weiter und überläßt es der Gruppe, wer welche Arbeiten macht und wer mit wem zusammenarbeitet. Diese Führungsform ist allerdings heutzutage noch selten.

Er kann aber auch – sternförmig – jedem einzelnen seine Tätigkeit genau zuteilen und auch eindeutig bestimmen, wer mit wem zusammenarbeitet – ein weitverbreitetes Vorgesetztenverhalten.

Vor allem aber kann er angenehme und unangenehme, schmutzige und saubere, sinnvolle und interessante oder sinnlose, stupide und langweilige Aufgaben verteilen. Und er kann dabei sehr große Unterschiede machen zwischen sympathischen und unsympathischen Mitarbeitern – zwischen seinen »Lieblingskindern« und den »schwarzen Schafen«. Er kann immer die gleichen Leute zu einer Arbeitsgruppe zusammen einsetzen, für immer dieselbe Art angenehmer oder unangenehmer Arbeit, oder er kann seinen Mitarbeitern mehr Freiheit und Vielfalt lassen.

Um diesen Spielraum geht es also. Und über diese Fragen muß ich mit dem Vorgesetzten sprechen. Günstig ist es, wenn dieses Gespräch von Zeit zu Zeit stattfindet – etwa alle zwei bis drei Monate. (Das tiefergehende Bilanz- oder Mitarbeitergespräch findet demgegenüber jährlich einmal statt.) In solchen Gesprächen, die sich auch mal locker, bei Gelegenheit, ergeben können, sollte die Frage angeschnitten werden, welche Art Arbeiten *ich* in den letzten Wochen gemacht habe und mit wem *ich* dabei zusammen war.

Und dann wäre zu besprechen, ob diese Arbeitseinteilung sinnvoll und effektiv war, und was daran im nächsten Zeitabschnitt geändert werden könnte. Wenn man solche Gespräche noch nie geführt hat, erscheinen sie sehr schwierig. Wenn man aber darin Übung gewonnen hat, können Sie ganz normal ablaufen.

Es kommt also darauf an, damit einmal anzufangen!

5.6.2 *Selbständigkeit und Kontrolle (Delegation)*

Die Delegation von Aufgaben bildet einen wesentlichen Schwerpunkt der heutigen Führungstheorien. Besonders bekannt geworden ist sie in Deutschland durch das sogenannte »Harzburger Modell« von Professor Höhn. Der Vorgesetzte soll dabei möglichst viele Tätigkeiten auf seine Mitarbeiter übertragen, um sich selbst besser seinen eigentlichen Führungsaufgaben – auf seiner Ebene – widmen zu können. Wir können es auch ganz simpel ausdrücken: Er soll nicht alles alleine machen.

Die Delegation ist dann am stärksten, wenn der Mitarbeiter für die Durchführung der Aufgaben möglichst viel Selbständigkeit oder Freiraum erhält. Das ist also die positive Seite dieses Konzepts.

Auf der anderen Seite erfordert gerade die Delegation eine besondere Art der Kontrolle. Es wäre nämlich unrealistisch, einem Mitarbeiter eine Aufgabe zur selbständigen Erledigung zu übertragen und erst nach Wochen festzustellen, daß er sie völlig falsch angepackt hat oder überhaupt nicht bewältigt. Es müssen also rechtzeitig Zwischenkontrollen eingeschaltet werden.

Selbständigkeit und Kontrolle – diese feindlichen Brüder – sind also im Vorgang der Delegation eng miteinander verbunden. Was bedeutet das nun für unser Thema: »Umgang mit Vorgesetzten«?

Natürlich sollten wir es begrüßen, wenn wir für die Erledigung unserer Aufgaben ein hohes Ausmaß an Selbständigkeit erhalten. Angesichts dieser weitverbreiteten und allgemein anerkannten Führungskonzeption wird es uns vielleicht auch leichter fallen, von unserem Vorgesetzten Selbständigkeit zu verlangen. Freilich müssen wir auch dafür Gespräche führen, die oft nicht ganz einfach sind. Es geht hier nämlich um die *reale* Selbständigkeit und nicht um das schöne, große Wort.

Die Begriffe »Delegation« und »Selbständigkeit« lassen sich leicht in den Mund nehmen und klingen wunderschön. Aber die Realität sieht oft ganz anders aus: »Wie konnten Sie so was machen?« Oder: »Was haben Sie sich eigentlich dabei gedacht, als Sie . . .« heißen dann die Vorwürfe. »Sie durften natürlich selbständig handeln, aber doch niemals gegen meinen Willen« (der freilich vorher nie präzise ausgedrückt war).

Selbständigkeit muß also genau definiert werden; dafür müssen präzise und deutliche Gespräche geführt werden. Viele von uns strahlen, wenn ihnen eine Aufgabe übertragen wird, und es heißt: »Sie werden das schon schaffen!« Und: »Sie haben mein volles Vertrauen!« Das sind schöne Worte. Ich sollte daher genau nachfragen und klären

. . . was ich wirklich tun soll;

. . . wie ich es machen soll;

. . . welche Zeit ich dafür zur Verfügung habe;

. . . welche Mittel ich dafür einsetzen kann;

. . . mit wem ich zusammen arbeiten darf und

. . . wen ich um Rat fragen kann.

Diese Fragen müssen präzise besprochen werden!

Die andere Seite der Delegation – gleichsam der »Hinterhof« des schönen Gebäudes – ist nämlich die *Kontrolle*. Sie ist ein besonders problematisches Führungsmittel; viele Vorgesetzte haben damit erhebliche Schwierigkeiten.

Wir sollten davon ausgehen, daß Kontrolle notwendig ist, und sollten unserem Vorgesetzten das Recht dazu zugestehen. Das Unangenehme, Widerliche am Kontrollvorgang ist allerdings die indirekte Form der Machtausübung und das damit verbundene Mißtrauen. Gegen solche Kontrollen sollten wir uns zu Recht wehren.

Wir sollten vielmehr die Kontrolle als einen natürlichen Bestandteil des Berufslebens ansehen und mit dem Vorgesetzten offen vereinbaren, wann und in welcher Form Kontrollen durchgeführt werden. Es gibt auch manche Möglichkeiten der freiwilligen Selbstkontrolle. Es kommt also darauf an, dem Kontrollvorgang den schlechten Klang von Machtausübung und Mißtrauen zu nehmen.

5.6.3 Ziele aufstellen

Für zahlreiche Leser ist das Wort »Ziele« in ihrem Berufsleben irreal; es mag ihnen wie ein Märchen aus einer anderen Welt erscheinen. Sie arbeiten an alltäglichen Routineaufgaben und erhalten dafür Anweisungen oder Befehle. Was sind da eigentlich Arbeitsziele – etwas für Leute mit Schlips und Kragen?

Ich möchte daher vorweg deutlich sagen: Konkrete, also genaue Ziele sind die Grundlage, das Fundament jeder geregelten und erfolgreichen Arbeit. Ohne Ziele arbeiten wir blindlings. Die Bedeutung der Zielsetzung wird heute allgemein positiv anerkannt. Die Führungsgrundsätze der Großunternehmen enthalten in der Regel einen Abschnitt über Ziele, der manchmal kurz und allgemein gehalten ist, manchmal aber auch recht präzise Beschreibungen enthält. Im öffentlichen Dienst (Bund, Länder, Kommunen) sind jährliche Zielplanungen für jede Abteilung selbstverständlich; sie ergeben sich ja auch aus der Jahresplanung der öffentlichen Haushalte und den daraus entstehenden Aufgaben. In Wirtschaftsunternehmen ist das Führungskonzept »Management by Objectives« (objective = Ziel) sehr bekannt geworden. Es wurde von dem amerikanischen Unternehmensberater *Peter Drucker* entwickelt. Dieses Konzept wird in zahlreichen Großunternehmen eingesetzt – der Schwerpunkt liegt allerdings bei den großen Kaufhauskonzernen und Vertriebsketten. Dort ist freilich das wesentliche Ziel aller Abteilungen: *mehr* Umsatz.

Zielsetzung ist also wichtig, um überhaupt die Aufgaben der Zukunft bewältigen zu können und die Routine zu überwinden.

Sie kann aber auch – wenn sie nur von oben kommt – einen außerordentlichen Druck erzeugen.

Über das Thema »Management by Objectives« sollten Sie sich also ausreichend informieren. Sie können das am einfachsten aufgrund einer Darstellung von *Odiorne;* das Buch liegt in sehr guter deutscher Übersetzung vor. Hier werden Sie auch erfahren, daß Ziele nicht nur den Umsatz und die Produktionsmenge betreffen, sondern daß sie ebenfalls die Art der Arbeit, den Aufbau der Arbeitsorganisation und natürlich die persönlichen Fähigkeiten und die Entwicklung des einzelnen Mitarbeiters (also Sie!) enthalten.

Wichtig ist also als erster Schritt, daß Sie sich dafür interessieren, wie die Ziele Ihrer Abteilung für dieses Jahr aussehen, und sich dann darüber Gedanken machen, welche Ziele für Sie persönlich sinnvoll und erreichbar sind.

Über diese Fragen können Sie dann mit Ihrem Vorgesetzten sprechen. Dafür ist folgendes wichtig: Ziele können von oben bestimmt und dann von Ebene zu Ebene in autoritärer Weise weitergegeben werden. Das Ergebnis ist in der Regel: Widerstand, Ärger, Konflikte und gegenseitiger Druck. Alle Beteiligten fügen sich gegenseitig Wunden zu; das Unternehmen wird große Schwierigkeiten haben, seine Ziele zu erreichen.

Man kann aber auch Ziele gemeinsam besprechen und vereinbaren. Dieser Weg wird in allen modernen Führungskonzeptionen vertreten. Es ist schwierig, diesen Weg durchzusetzen, wenn die Unternehmensstruktur noch gar nicht darauf eingestellt ist. Dafür sind Gemeinsamkeit, Solidarität und Abstimmung mit den Kollegen erforderlich.

Aber auch wenn regelmäßige Zielbesprechungen bereits eingeführt sind, kommt es auf die Art und den Verlauf dieser Gespräche an. Dafür muß ich mich darin üben, meine Gedanken präzise und deutlich zum Ausdruck zu bringen. Ich muß auch in der Lage sein nachzufassen, wenn der Vorgesetzte sie durch seine Art des Sprechens und der Diskussionsleitung vom Tisch bringen will. Eine mutige und durchdachte Beharrlichkeit ist also die Voraussetzung für gute Zielvereinbarungen.

5.6.4 Information

Dieser Bereich wird in den Führungsgrundsätzen der deutschen Großunternehmen am häufigsten genannt. Dabei werden auch besonders eindringliche Worte verwendet – etwa: Der Vorgesetzte hat die »*Pflicht*« (!) seine Mitarbeiter »so weitgehend zu informieren, daß sie die ihnen übertragenen Aufgaben erfolgreich erfüllen können«. Oft wird darauf hingewiesen, daß Information nicht nur ein lebloses, papageienhaftes Übermitteln darstellt, daß also nicht nur »Entscheidungen und Tatsachen« mitgeteilt, sondern auch »Hintergründe und Zusammenhänge aufgezeigt« werden sollen.

Auf der anderen Seite zeigen alle wissenschaftlichen Untersuchungen des Betriebsklimas, daß gerade im Bereich »Information« die größten Schwierigkeiten und Probleme auftreten. Der Anteil der Mitarbeiter, die von ihren Vorgesetzten über wichtige Vorgänge und Veränderungen an ihrem Arbeitsplatz *nicht* rechtzeitig informiert wurden, ist außerordentlich hoch – weit höher als in den anderen Bereichen der Berufsarbeit.

In einfacher Sprache heißt das: Geheimniskrämerei und »Klüngelei« sind weit verbreitet; die unteren Ebenen werden häufig vor »vollendete Tatsachen« gestellt.

Wir sollten freilich auch darauf hinweisen, daß ein gutes Informationsverhalten bestimmte Anforderungen an die Mitarbeiter stellt. In Führungsgrundsätzen heißt es z. B.: »Der Mitarbeiter soll den Vorgesetzten *unaufgefordert* über alles Wichtige informieren, so daß dieser den Überblick behält.«

Information ist also ein gegenseitiger, ein Wechselwirkungsprozeß, der nicht einfach vom Himmel fällt, sondern langfristig ein bestimmtes Verhalten erfordert.

Die größte Schwierigkeit (übrigens: für beide Seiten!) besteht darin, daß man nicht weiß, welche Informationen der andere bereits besitzt. Man muß also zunächst *entlarven*, daß Informationen verborgen oder verändert werden. Übrigens liegt hier ein ständiger Konfliktpunkt im Verhältnis zwischen der gewählten Legislative (Abgeordnete) und der Verwaltung: Die Informationspolitik der Verwaltung gegenüber den Mandatsträgern und Fraktionen ist in der Regel hinhaltend und verbergend. Die Verwaltung ist in der Regel den Abgeordneten an Fachwissen und Detailkenntnissen haushoch überlegen und »überfährt« die Abgeordneten durch kurz vor einem Sitzungstermin vorgelegte riesige Aktenberge.

So muß auch im Berufsleben der Mitarbeiter den Vorgesetzten oft in mühevollen Vorstößen dazu bringen, ihn ausreichend zu informieren. »Informationspolitik« in diesem Sinne ist also ein besonderes, indirektes Machtmittel. Hier ist also Beharrlichkeit gegenüber dem Vorgesetzten notwendig.

Unsere Leitlinie aber sollte heißen:

Größere Offenheit in der gegenseitigen Information erleichtert allen Beteiligten das Leben und führt auch zu besseren Arbeitsergebnissen.

Wir haben daher das Recht, einem Vorgesetzten deutlich zu machen, *daß er durch schlechte Informationspolitik die Zusammenarbeit stört!* Übrigens: Wer seinen Vorgesetzten dazu bringt, gut und rechtzeitig zu informieren, nützt damit auch dem Unternehmen. Hier sind also die Interessen der Mitarbeiter und der Unternehmensführung identisch.

5.6.5 Das Kritikgespräch

Hier geht es um die Situation, daß *ich* einen Fehler gemacht habe und der Vorgesetzte mit mir darüber spricht. Ein solches Gespräch ist schwierig und peinlich, und zwar für beide Seiten. Auch für den Vorgesetzten ist es unangenehm und ärgerlich, mit mir über meinen Fehler zu sprechen. Das Gespräch kann daher leicht mißlingen; es kann eskalieren oder sich im Kreise drehen.

Damit ein solches Gespräch positiv verläuft, muß ich zwei Voraussetzungen von meiner Seite aus einbringen:

1. Ich muß zugeben – auch vor mir selbst! –, daß ich diesen Fehler gemacht habe. Es ist nämlich menschlich normal, Fehler zu machen. Wenn ich also einen bestimmten Fehler gemacht habe, sollte ich das nicht abstreiten; das gibt nur sinnlose Diskussionen um Nebensachen.

2. Ich muß dem Vorgesetzten das Recht zugestehen, mit mir über den Fehler zu reden. Das gehört zu seiner Aufgabe. Es wäre unrealistisch zu erwarten, er möge meinen Fehler mit Stillschweigen übergehen. Das darf er nicht; es gehört rechtmäßig zu seiner Aufgabe, auftretende Fehler zu erkennen und zu beseitigen.

Dies sind also die Voraussetzungen von meiner Seite. Umgekehrt kann ich dann aber auch einige Anforderungen an den Vorgesetzten stellen: Was ich von ihm verlangen kann, und was ich mir nicht bieten lassen sollte.

Ich kann von ihm verlangen, daß er dieses Gespräch fair, sachlich, kompetent und direkt (d. h. ohne Drumherumreden!) führt.

Und umgekehrt sollte ich mir folgende Verhaltensweisen nicht bieten lassen:

– daß er mich »zur Sau macht«, daß er mich also ungesteuert-aggressiv, pauschal beschimpft, verletzt, diffamiert und angreift;

– daß er mich nicht zu Wort kommen läßt;

– daß er mich »moralisch« verurteilt und abwertet, daß er also meine Fehler mit »moralischen« Bemerkungen versieht (etwa: »Da sollten Sie sich aber schämen!« Oder: »Wie kann man nur als gebildeter Mensch so etwas machen.«);

– daß er sich schlecht vorbereitet hat, wenn also seine Unterlagen unzureichend oder einseitig sind usw.;

– daß er mich offensichtlich zu Unrecht beschuldigt.

Bei diesem negativen Verhalten des Vorgesetzten sollte ich mich sehr rasch und sehr deutlich zur Wehr setzen und ihn auffordern, dieses Verhalten zu unterlassen.

Im übrigen aber sollte ich mit dem Vorgesetzten ausführlich besprechen, was getan werden kann – auch von meiner Seite aus! –, um den Fehler in Zukunft zu vermeiden.

5.6.6 Beurteilung

Hier muß ein ernsthaftes und deutliches Wort vorweg gesagt werden: Keiner von uns kann – sozusagen im Alleingang – ein Beurteilungssystem selbst schaffen oder verändern. Beurteilungssysteme – meistens nur in Großunternehmen und in der staatlichen Verwaltung vorhanden – sind das Ergebnis jahrelanger Entwicklungsarbeit in Fachausschüssen und -gremien. Dadurch sind sie in der Regel ein komplizierter Kompromiß zwischen den verschiedenen Interessenlagen: Arbeitgeber, Arbeitnehmer, einzelner Mensch, Machbarkeit, Umfang, Perfektion, Dauer, Genauigkeit und Verständlichkeit für den Anwender.

Aber auch die Kategorien oder Dimensionen eines Beurteilungssystems (etwa: Arbeitsmenge, Arbeitsumfang, Einsatzbereitschaft, Kreativität, Umstellbarkeit usw.) sind nicht objektive Messungen der Wahrheit, sondern Widerspiegelung von bestimmten Auffassungen und Kompromissen der personalpolitischen Interessenrichtungen.

Daraus ergibt sich folgendes: Wenn Sie mit Ihrem Vorgesetzten ein Gespräch über Ihre Beurteilung führen wollen, müssen Sie sich vorher sachkundig gemacht haben und den Aufbau, den Sinn und die Einzelheiten des Beurteilungssystems Ihres Unternehmens gut verstehen, d. h. Sie müssen begriffen haben, was das Ganze soll, und welche Bedeutung die Einzelheiten haben.

Beurteilungssysteme sind sehr verschieden: Im öffentlichen Dienst gelten sie in der Regel für alle Beschäftigten; in den Unternehmen der freien Wirtschaft aber gibt es ganz andere Schwerpunkte. Manche Unternehmen haben solche Systeme zunächst für ihre Führungskräfte entwickelt; andere haben Beurteilungssysteme für gewerbliche Arbeitnehmer (etwa im Zusammenhang mit einem »Monatslohnmodell«) entwickelt; andere haben es für den Angestelltenbereich. Man muß wissen, wie ein solches System funktioniert, um überhaupt die eigene Beurteilung richtig einschätzen zu können. In vielen Systemen sind z. B. die Vorgesetzten durch die zentrale Personalabteilung veranlaßt, einen vorgeschriebenen Mittelwert Jahr für Jahr einzuhalten. Die Gesamthöhe der Beurteilung darf also nicht steigen. Wenn nun der Vorgesetzte in diesem Jahr einen Mitarbeiter – vielleicht Schulze – besser beurteilen will (angenommen: Schulze war wirklich besonders gut), muß er dafür andere (vielleicht: Sie!) herabsetzen. Dieser Zwang liegt also im System.

Sie müssen natürlich auch möglichst genau wissen, was mit den einzelnen Beurteilungskategorien (wie: Arbeitsumfang, Umstellbarkeit usw.) konkret gemeint ist. Es wirkt sehr lächerlich, wenn Sie sich bei Ihrem Vorgesetzten über die geringe Einstufung Ihrer Umstellbarkeit beschweren wollen, und gar nicht sagen können, was eigentlich unter »Umstellbarkeit« zu verstehen ist.

Das Hauptproblem jeder Beurteilung aber ist die *Objektivität*. Man hat ja gerade diese umfangreichen und komplizierten Systeme entwickelt, um Objektivität zu erzielen und die sogenannten »Nasenprämie« (d. h. jeder wird nach seiner Nase beurteilt) zu vermeiden. Dieses Hauptziel »Objektivität« ist allerdings eine Utopie, eine Wunschvorstellung, ein Märchen, dem gerade auch die Anhänger und Verfechter von sehr perfekten Beurteilungssystemen verfallen. Sie glauben an ihr eigenes System (wie oftmals die leitenden Computer-Fachleute). Objektivität läßt sich nämlich auch bei besten Beurteilungssystemen nicht erreichen. Immer spielt dabei der menschliche Gefühlskontakt die entscheidende Rolle. Es läßt sich leicht zeigen, daß Vorgesetzte – selbst bei perfektesten Beurteilungssystemen – die Mitarbeiter, die ihnen sympathisch sind und mit denen sie gut zurechtkommen, wesentlich besser beurteilen als die ihnen unsympathischen Mitarbeiter. Ein gutes Beurteilungssystem kann also nur helfen, die Objektivität zu erhöhen.

Aus allen diesen Gründen sind Gespräche mit dem Vorgesetzten über meine persönliche Beurteilung schwierig. Sie müssen sich präzise darüber klarwerden, wo Sie im letzten Jahr gute Leistungen und wo Sie unterdurchschnittliche Leistungen gebracht haben. Wenn Sie sich darin etwas vormachen und Ihre eigenen Leistungen nicht richtig erkennen, sollten Sie dieses Gespräch gar nicht erst beginnen.

Nützlich ist es, wenn Sie sich im Kollegenkreis über Ihre realen Leistungen und Ihre Beurteilungen austauschen. Sie werden dadurch mehr Sicherheit und Objektivität – auch in der Selbsteinschätzung – gewinnen.

Denn im Gespräch mit dem Vorgesetzten kommt es darauf an zu zeigen, daß Sie in der Lage sind, sich selbst einigermaßen richtig einzuschätzen. Leute, die solche Gespräche nur aus dem Gefühl, also aus Ärger oder aus verletztem Stolz führen, werden damit wenig erreichen.

5.6.7 Förderung und Fortbildung

Wir wollen unter »Förderung« alle Maßnahmen verstehen, die eine positive Entwicklung von Kenntnissen, Fähigkeit und der gesamten Persönlichkeit zur Folge haben. Das können vertiefende Gespräche sein; es kann aber auch ein Wechsel des Arbeitsplatzes (ganz besonders förderlich: ein Auslandsaufenthalt) sein, um andere Erfahrungen zu gewinnen. Förderung kann aber auch darin bestehen, einem Mitarbeiter Zeit zu geben, etwas zu lesen oder einen Kollegen zu einem Gespräch aufzusuchen. Förderung ist also der allgemeine Freiraum, der neben der reinen Arbeitstätigkeit für eine positive Entwicklung eingesetzt werden kann.

Positive, wohlwollende Förderung kann für einen Menschen einen außerordentlichen Wert erhalten; sie kann sein Leben und seinen Berufsweg entscheidend verändern. Übrigens findet sich im Leben fast jedes Menschen, der bemerkenswerte Leistungen vollbrachte, an entscheidender Stelle ein »Mentor«, d. h. ein Partner, der ihn wesentlich gefördert hat.

Unter »Fortbildung« verstehen wir solche Förderungsmaßnahmen, die in Form von Seminaren oder Kursen systematisch aufgebaut sind. Hier gibt es in der Bundesrepublik die berufliche Fortbildung und den (für die einzelnen Bundesländer gesetzlich geregelten) Bildungsurlaub, der sich auch auf die gesellschaftlichen und Persönlichkeitsbereiche bezieht, wobei sich die Themen von beruflicher Fortbildung und Bildungsurlaub überschneiden.

Unter »beruflicher Fortbildung« verstehen wir heute die »Lücke« zwischen den Kenntnissen und Fähigkeiten, die ein Mitarbeiter aufgrund seiner Ausbildung und Vorbildung besitzt, und den Kenntnissen und Fähigkeiten, die er für seine berufliche Tätigkeit benötigt. Diese »Lücke« ist oft erheblich. So besitzt ein Ingenieur aufgrund seiner Ausbildung sehr hohe technische Kenntnisse – aber er besitzt sehr wenig Kenntnisse über Kostenrechnung, Sicherheitsfragen, organisatorische Probleme, Besprechungsleitung und Umgang mit Menschen. Alle diese Kenntnisse und Fähigkeiten – die »Lücke« also – sollen ihm durch Fortbildung vermittelt werden. In heutiger Zeit wird nun weithin – etwa von Unternehmensleitungen, Bildungsausschüssen und natürlich von den Gewerkschaften – die Auffassung vertreten, daß Förderung und Fortbildung zur Arbeitszeit gehören – also während der Arbeitszeit durchgeführt werden sollen –, natürlich unter angemessener Berücksichtigung der notwendigen Freistellungszeit. In zahlreichen Großunternehmen rechnet man heute mit fünf bis zehn Tagen Fortbildung im Jahr.

Diese Einstellung ist freilich noch keineswegs überall verbreitet. Wir müssen daher zunächst mit unseren Vorgesetzten darüber sprechen und ihnen deutlich machen, daß Förderung und Fortbildung ein sinnvolles, normales und richtiges Anliegen sind. Vorgesetzte müssen erst einmal die grundsätzliche Bedeutung dieses Bereiches erkennen. Wir müssen auch erreichen, daß der Vorgesetzte diese Führungsaufgabe ernst nimmt und sich darum kümmert. Wir müssen dabei die Vorurteile überwinden, daß Bildung und Förderung nur »Zeitvergeudung« oder »sozialer Klimbim« seien.

Dann aber geht es um die individuelle Frage nach *meiner* Fortbildung! Hier ist Hartnäckigkeit notwendig; wir müssen die Widerstände entlarven. Dabei geht es meistens um die – oftmals unausgesprochene – Frage:

»Wieso wollen *Sie* eigentlich eine Förderung!?«

Damit sind viele Diffamierungen indirekt ausgedrückt: Warum gerade Sie, bei Ihren »schwachen« Leistungen? Was wollen Sie eigentlich mit diesem Kurs? usw.

Hier müssen wir deutlich machen, daß Förderung ein *allgemeiner* Anspruch ist, der nicht von einem individuellen Gnadenakt abhängig sein kann. (Oft nach der Melodie: »Ihre Gehaltserhöhung mußte ja leider in diesem Jahr etwas geringer ausfallen, aber fahren Sie mal zu diesem schönen Kurs!«)

Der zweite, weitverbreitete Einwand lautet: »Wir müssen alle arbeiten; für so einen Klimbim haben wir keine Zeit!« Hier müssen wir – gesellschaftspolitisch – darauf hinweisen, daß Bildung zur heutigen, hochkomplizierten Arbeitswelt dazugehört. Auch können wir darauf aufmerksam machen, daß im öffentlichen Dienst und in Großunternehmen aufgabenbezogene, maßgeschneiderte Bildungsprogramme zur Selbstverständlichkeit gehören.

5.7 Die Art, wie der Vorgesetzte spricht

Die Art und Weise, *wie* der Vorgesetzte mit mir redet, bestimmt die Atmosphäre des Umgangs entscheidend. Hier liegt ein besonderer Schwerpunkt. Diese Umgangsformen des Vorgesetzten zu ändern, erfordert allerdings ein besonderes differenziertes Vorgehen; es wird in der Regel nicht von einem Tag zum anderen gelingen. Das Zentrum einer positiven Entwicklung bildet die Meta-Kommunikation, die wir im nächsten Abschnitt beschreiben. Sie bedeutet, daß zwei Menschen offen darüber sprechen, *wie* sie miteinander umgehen, d. h. die Kommunikation selbst wird zum Thema des Gesprächs.

Wir betrachten nun die *verschiedenen Arten des Sprechens* im einzelnen:

Zunächst: der *schweigsame Vorgesetzte,* der also zu wenig redet (der sogenannte »Muffel«). Ich gehe davon aus, daß er kein

Bösewicht ist, und daß er nicht einfach den Entschluß gefaßt hat, wenig zu sprechen. Aber wie gehen wir mit ihm um?

Das beste ist wohl, wir nehmen ihn ernst, und wir akzeptieren, daß er wesentlich mehr weiß, als er ausspricht. Er hat meist eine gewisse Scheu vor den vielen, den zu vielen Worten. Dann ist es sicher gescheit, wenn man *fragt,* was er zu diesem oder jenem Problem zu sagen hat. Wichtig ist allerdings, daß meine Frage aufrichtig gemeint ist, daß ich also wirklich etwas von ihm wissen will (z.B., was er über diese neue Maschine denkt). Und dann kommt es darauf an, daß ich ihm wirklich intensiv und ernsthaft zuhöre. Er muß dabei spüren können, daß ich an seiner Meinung ehrlich interessiert bin. Auch ist es günstig, wenn man ihm zeigt (nicht sagt!), daß das Miteinandersprechen angenehm ist und das gegenseitige Verständnis fördert.

Eine ganz andere Persönlichkeit ist der *Vielredner,* der zuviel, oftmals sogar ständig redet. Dieser Mensch ist sehr viel schwieriger zu behandeln, vor allem, wenn er sich selbst gerne reden hört.

Dieses Verhalten ist sehr tief in seiner Persönlichkeit verankert und beruht oftmals auf sehr starker Egozentrik (Ichbezogenheit). Er hält sich selbst für gut – oftmals für den einzigen, der in dieser Runde etwas zu sagen hat.

Hier muß man meistens mit drastischeren Mitteln arbeiten. Man muß zuerst einmal objektiv zeigen, wieviel er tatsächlich redet und wie wenig die anderen zu Wort kommen. Dafür kann man im Extremfall auch Strichlisten von Sprechanteilverteilungen benutzen. Man muß tatsächlich deutlich werden, weil solche Leute oft enorm von sich überzeugt sind.

Und dann muß man ihm immer wieder – in der Tat: hartnäckig! – sagen, daß sein zu hoher Sprechanteil die Zusammenarbeit und die Atmosphäre unserer Abteilung entscheidend stört – manchmal sogar abtötet!

Der Vorgesetzte, der indirekt redet (verschlüsselt, in Andeutungen, verschleiert, redet drumherum). Dieses Verhalten ist weitverbreitet. Viele Leute halten es für so normal, daß sie es gar nicht mehr bemerken. Wir müssen daher zunächst unsere Beobachtungsgabe schärfen, um es im jeweiligen Moment erkennen und entlarven zu können.

Wenn ein Vorgesetzter dieses Verhalten häufig zeigt, dann ist er im Kern seines Wesens unaufrichtig geworden. Natürlich ist er nicht einfach von Kind an so (absurde Annahme: vererbt!): Das entwickelt sich vielmehr in einem langsamen Prozeß, der aber gerade durch die Vorgesetztenposition verstärkt und intensiviert wird.

Wir haben ein Recht, diesen Menschen nicht zu trauen, und wir müssen sie entsprechend behandeln. Wir müssen sie unterbrechen und von ihnen verlangen, daß sie diesen Satz noch einmal wiederholen und nun aber deutlich und offen aussprechen, was sie wirklich meinen.

Diese Persönlichkeitsfehlentwicklung kann man nur verändern durch beharrliche Zivilcourage und beständiges Nachfragen. Andererseits muß man diesen Menschen auch zeigen, daß offenes und direktes Sprechen das Leben sehr erleichtert und angenehm macht.

Der *Vorgesetzte, der zu große, schöne Worte* (Sprüche) macht. Auch diese Verhaltensform ist weitverbreitet; oftmals wird sie durch Rhetorikseminare noch gefördert.

Hier müssen wir uns zuerst mit uns selbst beschäftigen: Es kommt nämlich darauf an, daß wir diese »goldenen Worte« durchschauen und uns nicht davon beeindrucken lassen. Sie werden nach einiger Zeit auch den Genuß verspüren, den es einem verschafft, über die Dummheit und Hohlheit dieser großen Worte lachen zu können. Das ist die wesentliche und notwendige innere Schutzmauer.

Der Widerstand gegen diese Sprüchemacher ist am wirksamsten, wenn man direkte, konkrete Fragen stellt – manchmal auch, indem man unerwartete Dinge sagt, welche die »Großartigkeit« des Sprüchesystems entlarven. Wenn man sich darin übt, ist es ein sehr schönes, kreatives, einfallsreiches Spiel, Sprüchemacher auflaufen zu lassen.

Das Gegenteil ist der *nur sachlich sprechende Vorgesetzte,* der keinerlei Gefühle zeigt oder ausspricht.

Diese Menschen sind leider die schlimmsten! Es ist auch besonders schwierig, sie zu entlarven. Alle Leute werden nämlich sagen, daß er doch recht hat: »Es geht ja bei uns nur um Sachfragen!« Diese Auffassung ist nun ein schrecklicher Irrtum.

Die berufliche Welt ist keineswegs so sachlich, wie es diese Leute verkünden, sondern sie ist ein Wirbel von Gefühlen, Ärgernissen, Konflikten und Machtkämpfen – gerade auch in den höheren Etagen, die uns ja oft hören lassen, daß alles »nur Sachfragen« sind.

Die Umstellung eines Urlaubsplans, die Einstellung eines neuen Mitarbeiters, die Aufstellung einer neuen Maschine und vor allem: die Art meiner heutigen Arbeit! – all dies sind keineswegs nur sachliche, sozusagen »technische« Fragen, sondern sie sind menschliche Probleme, die mit ganz starken Gefühlen verbunden sind.

Diese »sachlichen« Vorgesetzten zu einer anderen Sprechweise zu bringen, ist außerordentlich schwierig. Wir müssen dabei immer wieder deutlich machen, was diese Sachfragen für uns alle bedeuten, und welche tiefgreifenden Folgen sie haben.

Eine besonders schlimme Variante des sachlichen Sprechens ist die *distanziert-fassadenhafte Sprechweise* (oder besser: Kontaktform). Solche Vorgesetzten sind wie eine Maschine, wie ein steinernes Standbild, wie ein Roboter, der keinerlei Reaktionen zeigt. Man kann in ihrer Gegenwart vor Einsamkeit und Verlassensein sterben! Alles, was sie sagen, ist zwar nach ihren Regeln und Richtlinien richtig – im menschlichen Umgang aber ist es tötend.

Diese Leute haben eine besondere Formalsprache, die jede konkrete Aussage und jede Anteilnahme am anderen Menschen vermeidet. Man findet diese Sprechweise übrigens besonders häufig bei Amtspersonen, bei Juristen und bei Personalleuten; auch Beamte im staatlichen Dienst sprechen oft so.

Wir müssen diese Sprechweise zunächst bewußt entlarven und uns klar werden, daß sie eine schreckliche Perversion und eine Verletzung der menschlichen Würde darstellt. Sie ist übrigens auch nicht einfach eine Sprechangewohnheit, sondern Ausdruck einer sehr tiefsitzenden Lebensphilosophie: nämlich der Verachtung und Abgrenzung. Diese Menschen halten uns für – na ja, für was halten sie uns? –, für unangenehme, lästige Ameisen mit viel zu hohen Ansprüchen, auf die man sich nicht einlassen sollte.

Gegenüber solchen Vorgesetzten gibt es nur eine einzige richtige Reaktion, nämlich ihnen zu zeigen, daß ihre Maßstäbe und ihre Einschätzung für mich nicht zutreffen. Außerdem muß man sie zwingen, konkret zu sagen, »was Sache ist«. Man muß also nachfragen.

Eine Verschärfung dieser Sprechweise ist die *arrogant-zynische Form des Umgangs,* das sogenannte »von-Brauchitsch-Symptom«. Hier erreichen die Verachtung und das Elitebewußtsein ihren Höhepunkt.

Viele Kollegen sind heutzutage geübt, die Hohlheit und die abwertende Gemeinheit solcher Menschen zu durchschauen. Sie merken auch die unfreiwillige Komik dieser aufgeblasenen Heißluftballons. Aber immer noch gibt es viele, die von solchen Typen fasziniert und geblendet werden. Sie verfallen dem Glanz der Großartigkeit und der Macht – sie erliegen aber auch der Verführung (und das brauchen ja nicht nur verschlossene Umschläge zu sein).

Unsere erste Aufgabe besteht also auch hier in der Entlarvung. Dabei müssen wir erkennen, daß gerade diese Umgangsformen auf einer grundlegenden Philosophie oder Lebenseinstellung beruhen. Es ist die Überzeugung, eine bessere Art Mensch zu sein und zu einer menschlichen, geistigen und leistungsmäßigen Elite zu gehören. (Darum wäre es auch so gefährlich, sogenannte »Eliteschulen« zu fördern; dort entwickelt sich eben ein besonderes Bewußtsein.)

Um uns zu wehren, müssen wir einem solchen Vorgesetzten sehr präzise Fragen stellen. Wir müssen »nachhaken«. Vor allem aber: Wir müssen ihm zu verstehen geben, daß er mit seinem Verhalten eine ständige Kriegserklärung an uns richtet! Wir müssen also die außerordentliche Aggression dieses Menschen, der sich selbst besonders verantwortungsbewußt und überlegen darstellen möchte, deutlich machen: Er ist ein »Kriegstreiber« im Umgang mit anderen Menschen.

Am leichtesten zu erkennen ist die *brutal-aggressive Sprechweise:* Beschimpfungen und Diffamierungen. Sie ist auch heutzutage noch weitverbreitet – nicht nur gegenüber denen »Ganz unten«, wie es Günter Wallraff gezeigt hat, sondern auch in Angestelltenschichten und oft auch in Führungskreisen.

Hier ist es wichtig, zunächst den inneren Selbstschutz aufzubauen, damit diese Ausbrüche nicht meine Seele treffen. Ich muß nach solchen Angriffen wieder zu mir selbst zurückfinden, in mich hineinlauschen und mir klar werden, welchen Wert ich tatsächlich besitze.

Wichtig ist auch, in solchen Situationen Kollegen als Zeugen hinzuzuziehen. Außerdem sollten wir keine Scheu haben, in solchen Fällen möglichst bald den Betriebsrat zu informieren. Die Auseinandersetzung mit einem solchen Vorgesetzten sollte man nicht im Alleingang machen; hier liegt vielmehr ein gemeinsames Interesse aller Kollegen vor.

Der *wichtigste Grundsatz für den Umgang in dieser Minute* heißt: *drastisch* – aber nicht aggressiv – *zeigen,* daß ich mir diese Behandlung nicht bieten lasse. Am besten geschieht das durch ganz kurze Bemerkungen oder Satzfetzen – oder auch durch nichtsprachliche Signale. Nutzlos wäre es hingegen, einem solchen Menschen moralisch-bevormundende Vorhaltungen zu machen, etwa: »Das ist wohl nicht ganz der richtige Ton, den Sie da anschlagen!« Solche Erwiderungen wirken kraftlos, belehrend und läppisch.

Man muß vielmehr *deutlich zeigen* (!), daß ich mir diesen Umgang nicht bieten lasse – und das geschieht viel drastischer mit ein paar Wortfetzen (z. B.: »Nee, nee, – so nicht!« Oder: »Halt – Stopp!!« Oder: »Das läuft jetzt nicht!«). Es geht auch – ganz einfach – durch eine Körperbewegung (z. B. Ohren zuhalten oder halb wegdrehen o. ä.). Sehr wirksam ist auch, ihn ganz ruhig, wirklich ganz ruhig (!) anzuschauen und dann den Kopf verneinend hin- und herzudrehen.

Natürlich sollten Sie sich bitte nicht hinreißen lassen, ebenfalls in aggressiver Weise zum Gegenangriff überzugehen. Das könnte man Ihnen sehr negativ auslegen.

Als nächste Form müssen wir noch das *primitiv-drängende, antreibende, druckausübende Sprechen* betrachten. Auf der untersten Ebene sind da ganz einfache Ausdrücke üblich wie:

»Los, los!« oder: »Jetzt macht mal voran!«

»Keine Müdigkeit vorschützen!«

»Ich will endlich mal Leistung sehen!« oder:

»Nicht so lahmarschig!« usw.

Meist ist die Sprache dabei laut, hart und simpel. Aber solch ein drängendes Sprechen gibt es auch in der Welt der Büroangestellten. Ja, manche höheren Führungskräfte treiben ihre Abteilungsleiter in dieser primitiven Weise an: »Nun wollen wir mal Einsatz sehen, meine Herren!« Oder mit solchen stolzen Sprüchen wie: »Wir müssen alle eben den Gürtel enger schnallen!«

Solcher Druck erzeugt in der Regel Gegendruck – passiven Widerstand. Für die Vorgesetzten ist also ein solches Verhalten wenig effektiv. Trotzdem wird es oft angewandt.

Wenn wir uns gegen einen solchen Vorgesetzten erfolgreich wehren wollen, müssen wir ihm deutlich machen, daß er lediglich ein »Antreiber«, ein »Sklaventreiber« ist, und daß er keine echte Führungsaufgabe wahrnimmt. Man sollte diese einfache Wahrheit durchaus so offen aussprechen, denn der Vorgesetzte möchte in heutiger Zeit kaum so eingeschätzt werden. Dieses deutliche Wort kann also einen sehr starken Effekt haben.

Abschließend wollen wir noch das Gegenteil der primitiven Sprechweise herausstellen, nämlich *das »gebildete«, bürgerlich-akademische Sprechen.* Es ist ebenfalls weitverbreitet, oftmals gilt es geradezu als Leitlinie und Vorbild für gutes Vorgesetztenverhalten.

Hier sind die Worte wohlklingend und gewählt. Die Sätze sind stilistisch hervorragend gestaltet; die Grammatik ist hochdifferenziert mit Konjunktiv und Futurum II. Es werden viele Zitate verwendet – von Aristoteles, Goethe, Herder und Brecht. Man zeigt sich belesen. Alles ist geordnet, alles ist perfekt. Natürlich enthält diese Sprechweise viele Verwandtschaften zur indirekt-verschlüsselten Art.

Als Mitarbeiter bin ich einer solchen Sprechweise zunächst heillos ausgeliefert. Der Vorgesetzte ist vollständig überlegen, ich bekomme überhaupt kein Bein auf den Boden. Er hat in jedem Falle recht – ich bin ungebildet, einfallslos und besitze keinen Durchblick.

Diese Sprechweise ist also eine *besonders perfekte Machtausübung.* Wir müssen sie daher auch als solche entlarven. Zunächst kommt es darauf an, dem Vorgesetzten zu zeigen, daß es hier nicht um eine Show von schönen Bildungsworten geht, sondern daß ein wichtiges und ernsthaftes Arbeitsproblem besprochen werden muß. Wir müssen also in schlichter, aber deutlicher Weise sagen, worum es heute geht.

Außerdem aber sollten wir uns vor Augen halten, daß diese Schicht der sogenannten »Gebildeten« in den letzten hundert Jahren deutscher Geschichte keine besonders rühmliche Rolle gespielt hat (einmal abgesehen von den wenigen aktiv-progressiven Kämpfern). Diese Schicht war das tragende Fundament des Deutschen Kaiserreichs (die damaligen »Honoratioren«), und sie hat die Weimarer Republik von Anfang an abgelehnt und damit im Kern geschwächt. Die Schicht der konservativen, national gesinnten »Gebildeten« kann daher nicht unser Vorbild sein, und wenn ein Vorgesetzter sich so aufspielt, dürfen wir ihm mit Recht mißtrauen. Wir beobachten, was er wirklich will, und was er mit schönen und gebildeten Worten verschleiern möchte. Und wir sagen das, was unser Anliegen ist, deutlich, aber ohne große Worte.

Abschließend möchte ich darauf hinweisen, daß die *Art des Sprechens* nicht einfach nur eine oberflächliche Angewohnheit ist. Sie spiegelt in der Regel die gesamte Lebenserfahrung und Lebensphilosophie eines Menschen wider. Das müssen wir erkennen, durchschauen und entlarven. Daraus ergeben sich dann die konkreten Strategien des Umgangs, die also jeweils verschieden sind.

5.8 Meta-Kommunikation

Meta-Kommunikation bedeutet, daß wir mit einem anderen Menschen darüber sprechen, *wie* sich unser Kontakt entwickelt, d. h. wie wir miteinander umgehen. Wir sprechen also *über* unsere Kommunikation (griechisch: meta = über). Ein solches Gespräch, das derzeit noch recht selten geführt wird, ermöglicht eine erhebliche Vertiefung und Verbesserung unseres Kontakts. Im allgemeinen gehen wir davon aus, daß die Gesprächspartner wissen, was im Kopf des anderen vorgeht. Das ist aber ein weitverbreiteter Irrtum – wir wollen ihn »Hellseherei« nennen –, denn wir können nicht in das Gehirn des anderen Menschen hineinblicken. Man kann seine Gedanken nur kennenlernen, wenn man mit ihm darüber spricht – das ist der Sinn der Meta-Kommunikation.

Worum geht es nun dabei?

Unter Gesprächspartnern auf gleicher Ebene (Freunde, Kollegen, Partner) sprechen wir darüber, *wie* wir miteinander umgehen, und *was* wir miteinander machen. Dazu gehört zunächst der gegenseitige Sprechanteil: Wer redet und wer schweigt mehr? Wer bestimmt meistens, was gemacht wird? Wie geht der eine auf die Gedanken und Vorschläge des anderen ein? Wer übt Macht aus und wer ist in Abhängigkeit? Wer weicht den wichtigen Themen aus und flüchtet sich in »allgemeine Sprüche«? Und so weiter.

Das sind recht tiefgreifende Fragen. Die *Schwierigkeit eines solchen Gesprächs* besteht einerseits darin, diese Frage überhaupt anzuschneiden und auszusprechen. Das ist ungeübt. Zum anderen aber muß man bereit sein, die Gefühle und Erfahrungen des anderen zunächst einfach anzuhören, ernst zu nehmen und darüber nachzudenken – und nicht (wie üblich) sofort zu widersprechen und zum Gegenangriff überzugehen.

Aussprechen und Anhören sind also die beiden Voraussetzungen der Meta-Kommunikation. Das muß zunächst mit guten Freunden geübt werden.

Im Berufsleben sind solche Gespräche noch recht selten. Sie werden aber zunehmend an Bedeutung gewinnen. In manchen Großunternehmen gibt es schon jährliche Bilanzgespräche zwischen Vorgesetzten verschiedener Ebenen (manchmal auch »Mitarbeitergespräche« genannt). Zugegeben: Es ist schwierig, solche Gespräche zu führen, und oft versuchen die Vorgesetzten (oder besser: beide Partner) das Gespräch zu vermeiden.

Wie kann es durchgeführt werden?

Es empfiehlt sich, anfangs über die *Tatsachen* des vergangenen Zeitabschnitts (meist des letzten Jahres) zu sprechen. Was haben wir gemacht? Was waren unsere Ziele? Was haben wir erreicht? Wo lagen die Schwierigkeiten? Wichtig ist, daß über *beide* Personen gesprochen wird – nicht nur über mich, sondern auch über den Vorgesetzten. Hier muß man mit Nachdruck zum Thema kommen!

Nach den sogenannten »sachlichen« Tatsachen aber sollten auch tieferliegende, kompliziertere Fragen angeschnitten werden, zum Beispiel:

– Wie sind wir miteinander umgegangen?

– Wer hatte Einfälle und Anregungen, wer hat sie aufgegriffen?

– Wie war die gegenseitige Information?

– Wer hat wen unter Druck gesetzt?

– Wie verliefen unsere Gespräche (Sprechanteilverteilung, Eingehen auf den anderen)?

Am tiefsten aber gründet die Frage:

– Wieviel Sicherheit oder wieviel Unsicherheit haben wir uns
  gegenseitig zugefügt, d. h. wodurch haben Sie mich sicher
  oder unsicher gemacht?

An solchen Fragen können Sie wohl erkennen, daß Meta-
Kommunikation zwei Menschen einander näherbringen kann.
Sie ist also ein Mittel des Verstehens, der Versöhnung, der Vertie-
fung.

6. Rahmen und Begrenzungen

6.1 Umgang mit Vorgesetzten, die sich positiv verhalten

Wir wollen hier nicht über den »idealen Vorgesetzten« oder über den Vorgesetzten als »Vorbild« sprechen. Das sind Utopien und Projektionen, die für das wirkliche Leben wenig bringen. Wir wollen die Situation betrachten, daß sich dieser Mensch *in den letzten vier Wochen* als Vorgesetzter positiv verhalten hat. Das sind übrigens zwanzig Arbeitstage mit 154 Stunden – eine beträchtliche Zeitspanne, in der vieles geschieht.

Wir meinen mit »positivem Verhalten« auch nicht in erster Linie, daß er seine organisatorischen Aufgaben gut erledigt hat, oder daß er bei der Lösung von Sachproblemen erfolgreich war – es freut uns natürlich, wenn er darin gute Leistungen gebracht hat –, sondern wir meinen, daß er im Umgang mit seinen Mitarbeitern, mit uns, positiv war. Das heißt im einzelnen: Er war gerecht; er hat uns gut und vollständig informiert; er hat uns gleichwertig behandelt und hat mit uns über die anstehenden Probleme offen diskutiert. Wenn er sich vier Wochen lang in dieser Weise verhalten hat, ist es angemessen, ebenfalls in positiver Weise auf ihn zu reagieren.

Dafür möchte ich eine *Leitlinie* nennen, sie heißt:

> Wir sollten dann mit ihm *ohne Vorbehalte* umgehen. Das meint: ohne besondere Absicherung, ohne Kämpfe, ohne Mißtrauen.

Ein solches Verhalten von unserer Seite meint nicht nur die üblichen Verhaltensweisen wie Pflichterfüllung, Arbeitseinsatz, Ordnung, Pünktlichkeit und gutes, höfliches Benehmen. Es meint, daß ich dann mit ihm »ohne Netz« zusammenarbeite – in einer offenen und direkten Weise.

In erster Linie heißt es, daß ich ihn umfassend und rechtzeitig über alles Wichtige informiere, und zwar auch über meine Gedanken und Überlegungen. Ich bespreche die Pläne und die

Ziele, aber auch die Gefahrenstellen der nächsten Aufgaben mit ihm. Und ich sage auch, was mir an seinem Verhalten gefällt (d. h. ich sage ihm auch ein Lob) und was mich an ihm stört. »Ohne Vorbehalte« heißt also in erster Linie, daß ich mich nicht scheue, meinen Mund aufzumachen!

Natürlich sollten Sie das nicht im Alleingang machen, sondern Sie müssen mit Ihrer Arbeitsgruppe verbunden bleiben. Sie sollten sich auch hüten, zum »Lieblingskind« oder gar zum »Radfahrer« beim Vorgesetzten zu werden. Aber Sie sollten den Mut entwickeln, mit ihm folgendermaßen umzugehen:

– unkompliziert;

– schnell (ohne allzu langes Überlegen und Bedenken);

– gleichberechtigt, und:

– ohne ständige Absicherung, was er von Ihnen hält.

Natürlich sollten Sie nach vier Wochen prüfen, ob sein positives Verhalten anhält. Die Versuchungen der Macht sind groß, und es kann geschehen, daß er sich nach einiger Zeit anders verhält. Dann müssen Sie darauf reagieren. Diese Empfehlung »ohne Vorbehalt« ist also kein »Dauerauftrag«, sondern eine Aufforderung, positive Bemühungen in positiver Weise zu beantworten.

6.2 Von Lesern, die sich nicht auf dieses Buch berufen sollten

Es gibt zwei Personengruppen, die sich zur Begründung (Legitimation) ihres Verhaltens *nicht* auf den Inhalt dieses Buches berufen sollten. Für diese Leute besteht gleichsam eine Unvereinbarkeit bei der Anwendung dieser Gedanken. Es sind dies:

1. die Personen, deren Hauptlebensziel darin besteht, selbst Karriere zu machen, und

2. die Menschen, die überhaupt keine Beziehung (volkstümlich »überhaupt keinen Bock«) zum systematischen Arbeiten haben.

Diese Personen haben kein Recht, sich bei Konflikten und Meinungsverschiedenheiten in einer aktiv-emanzipierten Weise mit ihren Vorgesetzten auseinanderzusetzen, denn sie erzeugen diese Konflikte in erster Linie durch ihr eigenes Verhalten.

Kein Vorgesetzter ist in der Lage, diese Personen ohne erhebliche Konflikte zu ertragen – das wäre eine unrealistische Überforderung des Vorgesetzten.

Zur ersten Personengruppe (Karrieretypen) ist zu sagen, daß man diesen Leuten *nicht* noch helfen sollte, wie sie in aktiver Weise mit ihren Vorgesetzten umgehen können, denn sie wollen ja nur selbst diesen Stuhl einnehmen und sind anschließend weit schlimmer als ihre Vorgänger. Dies Buch mag also nicht als Anleitung für machthungrige Aufsteigertypen mißverstanden werden. Wir müssen vielmehr alle Beteiligten dazu ermutigen, diese Personen rechtzeitig zu entlarven und daran zu hindern, eine »Laufbahn« nach oben einzuschlagen.

Kann man sie aber erkennen?

Gewiß ist das in heutiger Zeit schwieriger, denn sie wissen, daß man das eigene Machtstreben verbergen und sich »kooperativ« geben sollte. Es gibt aber einige Signale, anhand derer man sie entlarven kann:

– an ihrer unruhigen Getriebenheit. Sie sind überall dabei, und sie versuchen stets, sich positiv ins Licht zu setzen;

– an ihrem ständigen Konkurrenzverhalten innerhalb der eigenen Gruppe und ihrem deutlichen Mangel an Solidarität, und

– an ihrer infantilen, schülerhaften Mentalität. Sie sprechen ständig von »Hausaufgaben« und sind vorwiegend nach oben orientiert.

Die *zweite Personengruppe,* die überhaupt keine Beziehung zu regelmäßiger, systematischer Arbeit hat, wird in unserer Gesellschaft häufig diffamiert. Damit sind übrigens *nicht* die Menschen gemeint, die sich in unserer heutigen, institutionalisierten Arbeitswelt nicht richtig anpassen und einordnen können, die also im Arbeitsleben schlechte Leistungen bringen. Unsere Arbeitswelt erzeugt ja aus sich selbst heraus ganz erhebliche Arbeitsstörungen. Es gibt viele Menschen, die in ihrem Privatleben hingebungsvoll stundenlang und intensiv arbeiten können, die aber nicht in der Lage sind, sich in der heutigen (entfremdeten) Arbeitswelt einzuordnen. Mit diesen Mitarbeitern muß sich der Vorgesetzte oft auseinandersetzen; das ist zwar schwierig, gehört aber zu seiner Führungsaufgabe.

Wir meinen hier vielmehr die Leute, die überhaupt keine positive Beziehung zu einem geordneten, systematischen Arbeitsablauf gewonnen haben – auch nicht in ihrem Privatleben.

Zwischen diesen Leuten und *jedem* Vorgesetzten besteht eine so grundlegende Verschiedenheit, daß der Konflikt vorprogrammiert ist. Die Anregungen dieses Buches sind in einem solchen Fall unrealistisch, denn diese Leute können jeden, auch den verständnisvollsten Vorgesetzten, zur Verzweiflung bringen. Hier bleiben wirklich nur die Führungsformen der simplen, disziplinierenden Autorität.

Leute, die überhaupt keine positive Beziehung zu systematischen und geordneten Arbeitsabläufen haben, sollten sich daher entschließen, dieser perfekten Arbeitswelt fern zu bleiben und sich andere Formen des Lebensunterhalts zu suchen (d. h. unsystematische Arbeiten), die es ja durchaus gibt.

6.3 Ratschläge für den »geschickten« Umgang mit Vorgesetzten?

Die Auffassung, daß es in erster Linie darauf ankommt, mit dem Vorgesetzten »geschickt« umzugehen, ist weit verbreitet. Sie lautet: Man muß ein »Gefühl« dafür entwickeln,

... was man dem Vorgesetzten sagen darf,

... wann man zu ihm geht, und

... wie man mit ihm spricht.

Zu diesem Thema gibt es manche allgemeinen Weisheiten. Sie reichen von:

»Gehe nie zu deinem Fürst, wenn du nicht gerufen würst!«

über:

»Hüte dich, den Leu zu wecken . . .«

bis zu:

»Der Vorgesetzte hat immer recht!«

Man soll also darüber nachdenken, wie man den Chef am geschicktesten behandelt. Der Mitarbeiter soll sich dabei – wie etwa in dem Buch von *Rischar* ausgeführt wird – »in die Situation seines Gegenüber hineindenken und von dessen Nutzen aus argumentieren«.Man muß sich also immer so verhalten, daß sich der Vorgesetzte wohl fühlt, und daß er positiv von mir denkt. Für ein solches Vorgehen muß man vor allem die Taktiken der Gesprächsführung lernen – etwa: Zuhören, Argumentation, die Verwendung der sogenannten W-Fragen (Wann? Warum?

Weshalb? Wo?) usw. Vor allem muß man dem Vorgesetzten die eigenen Gedanken und Vorschläge als Weiterentwicklung *seiner* Meinungen und Ideen vortragen.

Wenn man diese Taktiken gut beherrscht, kann man sogar recht erfolgreich sein. Manche Leute wurden auf diese Weise zum »Lieblingskind« ihres Vorgesetzten (vorausgesetzt allerdings, daß er nicht das »Spiel« durchschaute).

Dem Leser dürfte deutlich sein, daß ein solches Taktieren mit dem Geist und der Zielsetzung dieses Buches keinerlei Gemeinsamkeit aufweist. Ein solcher, lediglich »geschickter« Umgang mit Vorgesetzten ist eine Verhaltensweise, die auf Dauer jede Selbstachtung und eigene Persönlichkeitsentwicklung des Mitarbeiters vernichtet. Es ist eine Taktik der unterwürfigen und geistlosen Anpassung.

Dadurch wird keinerlei positive Wirkung auf den Vorgesetzten ausgeübt; seine Machtausübung und seine egozentrischen Fehlentscheidungen werden dadurch nur noch verstärkt. Es ist eine Taktik, wie sie von Höflingen und Fürsten betrieben wurde – mit dem Ergebnis der vollständigen Abhängigkeit von Gnade und Wohlwollen des Herrn, während sich im Kopf des Fürsten keinerlei Einsicht, sondern nur noch stärkere Egozentrik und Selbstüberzeugung entwickelten.

Natürlich heißt das nicht, daß man mit dem Vorgesetzten *ungeschickt* umgehen sollte. Es gibt sicher Verhaltensweisen, die wir vermeiden sollten, etwa:

... dem Vorgesetzten ein schwieriges Problem vorzutragen, wenn er wirklich ziemlich erschöpft ist oder unter offensichtlichem Zeitdruck steht;

... dem Vorgesetzten keine Zeit lassen, etwas zu durchdenken oder zu klären;

... schlecht vorbereitet zum Vorgesetzten gehen;

... den Vorgesetzten vor den Augen anderer lächerlich machen usw.

Die Vermeidung dieser ungeschickten Verhaltensweisen – die im übrigen den Selbstverständlichkeiten des allgemeinen Umgangs entspricht – bedeutet aber keineswegs das eben geschilderte »geschickte« Verhalten, sondern ist ein komplizierter Vorgang, der ja im 5. Kapitel ausführlich geschildert wurde.

6.4 Unsere Vorerfahrungen im Umgang mit Menschen, die mehr Macht und Wissen besitzen

Den direkten Umgang mit Vorgesetzten erleben wir erst relativ spät in unserem Leben – in Ausbildungsberufen mit 15/16 Jahren, als Akademiker sogar noch wesentlich später. Wir haben aber vorher bereits erhebliche Erfahrungen gewonnen mit Menschen, die mehr Macht und mehr Wissen besitzen, die das Recht hatten, uns etwas zu sagen. In erster Linie sind das unsere Eltern, Erzieher und Lehrer.

Welche Erfahrungen haben wir damals gemacht?

Im Umgang mit Eltern finden wir vier Bereiche:

1. Alle Beobachtungen auf Kinderspielplätzen, auf der Straße, in Verkehrsmitteln und beim Einkaufen zeigen, daß auch heute noch in erster Linie eine *Erziehung zur Anpassung* stattfindet – also zum »artigen«, ruhigen, unauffälligen, disziplinierten Kind. Wir dürfen annehmen, daß dieser Trend auch innerhalb der Privatsphäre der Kleinfamilie so abläuft. (Die sogenannte autoritätsfreie Erziehung hat wohl nur einen kleinen Personenkreis erreicht.)

    Die Erziehungsrealität ist also symptomatisch für das Gegenteil des Verhaltens, das wir für den aktiven, emanzipierten Umgang mit Vorgesetzten benötigen.

2. Die wirklichen, brennenden Problembereiche innerhalb der eigenen Familie, die Konflikte provozieren (Spannungen, Emotionen, Ängste, Tabus, Sexualität usw.), werden auch heutzutage weitgehend totgeschwiegen. Wir finden also in den zentralen Lebensbereichen eine äußerst schlechte Information.

    Außerdem gibt es sehr starke Abwehrreaktionen und oftmals sogar Bestrafungen, wenn das Kind diese Konflikte und Tabus besprechen will.

3. Die Macht der Eltern über das Kind ist sehr groß – anfangs sogar total, allumfassend. Das Kind darf aber nicht mit den Eltern über ihre Macht, über den Einsatz dieser Macht und noch nicht einmal über die Machtverhältnisse, d. h. die Unterschiede zwischen der (großen) Macht der Eltern und der (sehr kleinen) eigenen Macht sprechen. Meta-Kommunikation ist also unerwünscht – meist sogar verboten!

4. Eine direkte und systematische Vorbereitung der Kinder auf einen aktiven, emanzipierten Umgang mit Vorgesetzten findet kaum je statt. Das Kind hört zwar von seinen Eltern manches über den Ärger im Berufsleben – aber es erhält und erfährt keine sinnvollen Strategien oder gar gezielte, persönliche Hilfen.

In der *Schule* erkennen wir *drei Schwerpunkte:*

1. Die Überlegenheit des Lehrers ist von Anfang an sehr hoch. Freilich versucht man in modernen Schulsystemen, diese Überlegenheit zu dämpfen oder zu verringern – aber sie bleibt doch vorhanden.

2. Nach einiger Zeit haben allerdings die meisten Schüler gelernt, ihre Lehrer zu durchschauen. Sie können den Lehrern erheblichen Ärger bereiten, ihnen Streiche spielen und massiven Druck ausüben, zumal die Schüler an Zahl weit überlegen sind. Dieser Gegendruck der Schüler ist aber in der Regel »aktionsbezogen«, d. h. ohne systematische Strategie. Der Lehrer wird zwar geärgert, oftmals sogar gepeinigt. Aber diese Aktionen der Schüler sind meist ungezielt – wie Schüsse aus einer Schrotflinte.

   Ein direktes Gespräch mit dem Lehrer über seine Machtausübung (Meta-Kommunikation) findet aber kaum statt. Und auch in progressiven Schulen wird ein solches Gespräch in der Regel vermieden.

3. Eine systematische Vorbereitung des Kindes auf »Umgang mit Vorgesetzten im Erwachsenenalter« findet nirgends statt. Dieses »Schulfach« gibt es nicht, dieser Bereich wird in den Erziehungsprogrammen ausgeklammert.

Zusammenfassung und Schlußfolgerungen

Unsere Vorerfahrungen über »Umgang mit Vorgesetzten« sind also sowohl im Elternhaus wie auch in der Schule minimal und überwiegend negativ, deprimierend, entmutigend. Wir alle sind vielmehr erzogen, uns »artig«, diszipliniert und angepaßt zu verhalten. Wir haben nie systematisch gelernt, uns zu wehren oder mit einem mächtigeren Menschen über dessen Verhalten zu sprechen.

Wer dies begreift, wird erkennen, daß er den Inhalt dieses Buches nicht nur für sich selbst anwenden sollte, sondern daß er dafür eintreten muß, daß diese Erkenntnisse auch an unsere Kinder weitergegeben werden.

Das wäre in einem tieferen Sinne »Mut zur Erziehung«.

7. Voraussetzung: Zivilcourage!

Shaul Öttinger gewidmet

Mut und Tapferkeit – vor allem gegenüber dem Feind – sind die hervorragendsten Eigenschaften des guten Deutschen (aber auch: des guten Franzosen, Römers usw.). Wer sich darin besonders auszeichnet, wird als »Held« gefeiert. Diese Tapferkeit richtet sich in erster Linie gegen den äußeren »Feind«, oder sie zeigt sich in besonders riskanten Abenteuern – etwa im Sport, beim Bergsteigen usw.

Zivilcourage ist demgegenüber eine ganz andere Welt. Sie richtet sich nicht gegen den – persönlich ganz unbekannten – Nationalfeind, sondern gegen die sehr gut bekannten Menschen oder Vorgesetzten meiner eigenen Gruppe – oftmals sogar, wie Ingeborg *Bachmann* sagt, gegen den »Freund« –, gegen einen Menschen also, der mir nahesteht.

Zivilcourage passiert – und das ist ihre Schwierigkeit – gleichsam »Auge in Auge«. Sie geschieht auch nicht in besonders spektakulären, riskanten Abenteuersituationen, sondern im unauffälligen Alltag. Sie muß – wie Karin *Schunk* und Rudolf *Walter* im Vorwort zu ihrer schönen Schrift »Anstiftung zur Zivilcourage« sagen – »in vielen kleinen Konflikten des Alltags, denen wir so gerne ausweichen, eingeübt werden«. Es geht dabei vor allem um »das Widerstreben gegen Ansichten und Verhaltensweisen, die einem gewissermaßen auferlegt werden, von Gruppen, denen man angehört, oder von der eigenen Erfahrung« (Alfred *Grosser* bei *Schunk/Walter,* a.a.O., S. 62). Sie erfordert eine »Grundeinstellung, die darin besteht, ständig jeder Gruppe (besonders, wenn ich ihr angehöre oder ihr nahestehe) den Teil der Wahrheit vorzuführen, die von ihren Gegnern verkündet wird, und den sie nicht hören wollen« (Alfred *Grosser,* a.a.O. S. 66). Beispiele für solche Zivilcourage sind in der deutschen Geschichte selten; in den Geschichtsbüchern werden in der Regel die »Helden«taten geschildert. Erwähnen möchte ich:

Beispiele:

● Der Königsberger Arzt Dr. *Fritz Jacoby* sagte 1840 nach einer Audienz seinem König direkt ins Gesicht: »Das ist die Schuld der Könige, daß sie nicht zuhören können!«

● *Heinrich Heine* hatte ... eine Liebesbeziehung zur Tochter des Scharfrichters – das war damals ein Mensch, der außerhalb der gesellschaftlichen Achtung stand. Eines Tages ging er mit seiner Freundin auf den Düsseldorfer Deichwiesen spazieren. Plötzlich sah er mit Schrecken, daß ihm auf dem Deich sein Vater mit einem ehrenwerten Bekannten entgegenkam. Er hätte ausweichen können – aber er ging mit seiner Freundin geradewegs auf die beiden Herren zu und zwang dadurch den Vater und seinen Bekannten, vor der verachteten jungen Dame den Hut zu ziehen.

● Im Jahre 1913 – also ein Jahr vor dem Ersten Weltkrieg – entlarvte *Karl Liebknecht* in Berlin ein Spionagebüro, welches die Absichten und Pläne der deutschen Obersten Heeresleitung ausforschen sollte. Die Aufregung gegen den »ehrlosen Entlarver« war riesengroß. Es handelte sich nämlich um das Berliner Büro der Essener Waffenschmiede Friedrich Krupp.

● Immerhin gab es ja auch in den Jahren 1970/80 in Bonn ähnliche Büros (z. B. des Flick-Konzerns). Der Mut und die Mühen der Entlarvung der sogenannten »Spendenaffäre« durch den Leiter der Fahndung des Finanzamtes St. Augustin oder durch Otto Schily im zuständigen Bundestagsausschuß können wohl als Beispiel für Zivilcourage gelten.

Wir sollten allerdings *Zivilcourage abgrenzen* vom direkten politischen *Widerstand.* Zivilcourage betrifft die Risiken des normalen Lebens im Beruf und im Umgang mit den nahestehenden Menschen. Dabei kann es durchaus zu schmerzlichen oder schwerwiegenden Konflikten kommen. Politischer *Widerstand* – gemeint: gegenüber einer Diktatur – muß mit dem vollständigen Risiko, also dem Verlust des Lebens und der Existenz rechnen. Das soll hier nicht unser Thema sein.

Zivilcourage hat einige *zentrale Komponenten.* An erster Stelle ist die *Einsamkeit* zu nennen. Wer eine Handlung mit Zivilcourage unternimmt, wird immer sehr einsam bleiben. Er muß es selbst tun; er kann es nicht auf andere übertragen. Zwar fällt Zivilcourage »demjenigen leichter, der sich von der billigenden Zustimmung einer Gruppe von Gleichgesinnten getragen weiß« (Iring Fetcher in *Schunk/Wagner:* »Zivilcourage . . .«, a. a. O., S. 29), aber: »an einem bestimmten Punkt solcher ›Gemeinschaftsbindung‹ schlägt . . . Zivilcourage in Konformismus um« (a. a. O., S. 29). Konkret heißt das: Wer die Mehrheit hat, noch schärfer: Wer die Macht hat, braucht keine Zivilcourage aufzubringen, wenn er etwas durchsetzen will. Er kann »mit den Wölfen heulen«. Zivilcourage erfordert daher immer, daß ich *zu mir selbst* finde. Dafür muß ich Gespräche mit meinem eigenen Gewissen führen.

Die *zweite Hauptkomponente* der Zivilcourage ist daher *die Angst*.

Alle sagen: »Laß das doch!« – »Wer wird sich schon mit solch einer Sache beschäftigen!« – »Wer weiß, wie das ausgehen wird!« Alle diese scheinbar vernünftigen Stimmen raten mir ab.

Dann muß ich auch noch bereit sein, mir meine eigene Angst zuzugestehen. Ohne dieses Zittern, ohne diese Anspannung in meinem Körper läuft gar nichts. Ich kann diese Ängste nicht wegsuggerieren. Daher möchte ich auch davor warnen, diese Ängste nur »verhaltens-therapeutisch« bewältigen zu wollen; das wäre psycho-technokratisch! Ich muß vielmehr zu meiner Angst stehen.

Daraus entsteht die *dritte Komponente*, nämlich das *geradezu rauschhafte Glück, wenn ich es geschafft habe*. Es gibt kaum im Leben ein so intensives Gefühl wie eine gelungene Handlung der Zivilcourage. Dieses Glück darf ich mir wirklich gönnen!

Allerdings sollte ich mich davor hüten, aus diesem Glücksgefühl heraus die nächste Entscheidung abzuleiten; das könnte zu einer schwerwiegenden Fehlbeurteilung der Situation führen. Also nicht: nun einfach »durchmarschieren« und den errungenen Erfolg ausnutzen . . .

Auch hat – *vierte Komponente!* – Zivilcourage etwas mit dem *richtigen Zeitpunkt* zu tun. Wenn ich zu spät eingreife, kann u. U. »der Zug abgefahren sein«. Dann bleibt nur noch der offene, direkte Widerstand mit allen Existenzrisiken.

Es geht in solchen Fällen darum, »sich zu beeilen; man muß schnell machen. Die Willkür, die Ungerechtigkeit, die absolutistischen Absichten: diese muß man sofort bekämpfen. Die Zeit arbeitet für sie und gegen uns. Man muß verhindern, daß sie sich in unserer Bequemlichkeit und unserer Angst einnisten, man muß sie bei den ersten Anzeichen entwaffnen. Das ist die wahre Zivilcourage: Ein Blitz von Klarheit, von Erkenntnis verwandelt sich sofort in die Tat.« (Elie *Wiesel* in »Zivilcourage . . .«, a. a. O., S. 26.)

Die *letzte Komponente* ist etwas ungewöhnlich. Sie betrifft das Bildungsniveau oder die intellektuelle Ebene, allerdings: in einer negativen, reziproken Gesetzmäßigkeit. Sie lautet:

»Gescheite haben es leichter, feige zu sein!«

Dieser Gesichtspunkt stammt immerhin von Karl *Rahner.* Er meint damit: »Besonders gescheite Leute . . . sehen wegen ihrer Gescheitheit viel mehr, viel mehr Aspekte an allen Dingen als andere Leute.« (A. a. O., S. 77.) ». . . Und so sieht er sehr viel ›Einerseits-Andererseits‹ . . . Darum fällt ihm eine Entscheidung schwer . . . Und so macht es seine Gescheitheit seiner Feigheit leichter, als es bei anderen Leuten möglich ist, auf die an sich gebotene Courage zu verzichten.« (A. a. O., S. 79.)

Zivilcourage erfordert also ein Hindurchstoßen durch ein hochkompliziertes, intellektuelles »Wenn und Aber« und eine klare Entscheidung gegen die Feigheit. In diesem Moment muß gehandelt werden!

Fassen wir zusammen:

Warum benötigen wir Zivilcourage – gerade auch im Umgang mit Vorgesetzten?

Die Gefahren und Versuchungen der Macht sind riesengroß. Und in unseren hochkomplizierten politischen und wirtschaftlichen Institutionen entwickeln sich neue Machtstrukturen, wie sie noch nie in der Menschheitsgeschichte vorhanden waren. Solche Machtkonstellationen sind am Anfang oftmals noch harmlos und klein. Es kann eine Vorlage zu einem neuen Computerprogramm sein; es mag sich um eine Arbeitszeitregelung handeln.

Es kommt darauf an, den Anfängen zu wehren – noch ehe die Angelegenheit institutionell und formal festgeschrieben ist oder eine erhebliche Bedeutung erlangt hat. Die sogenannten »Sachzwänge« sind nämlich häufig die vor einem halben Jahr nicht beachteten falschen Weichenstellungen und Fehlentscheidungen.

Wichtig ist, daß wir in solchen Situationen die Zuschauerhaltung verlassen. Man kann nicht in der coolen Distanz des Betrachters bleiben. Man muß sich also darin üben einzugreifen, ein Wort zu sagen, eine unerwünschte Frage zu stellen.

Worauf man sich nicht verlassen kann, ist die Zustimmung in der eigenen Gruppe. Jede Gruppe kann Konformität und Feigheit erzeugen. Zivilcourage heißt aber, darauf zu verzichten, Mitläufer zu sein.

Eine Lehre aus der deutschen Geschichte!

Und daher ist auch im Umgang mit Vorgesetzten Zivilcourage grundlegend. Es geht nicht um methodisches »Taktieren«; es geht um die eigene Grundhaltung.

8. Ausblick
auf die nächsten vier Wochen

Zum Schluß geht es um die Frage, was Sie diesem Buch entnommen haben, und was Sie damit anfangen können.

Vorweg möchte ich Sie bitten, keine großartigen Entschlüsse zu fassen – etwa: Ihren Berufsalltag erheblich zu verändern – und auch keine langfristigen Pläne aufzustellen. Wir haben jetzt nicht Neujahr, und dieses Buch ist auch kein Silvesterfeuerwerk. Bleiben wir vielmehr ganz bescheiden bei den nächsten vier Wochen! Der wichtigste erste Schritt lautet:

Tun Sie zunächst gar nichts!

Ich meine natürlich: Machen Sie nichts, was mit dem Thema dieses Buches, also mit Vorgesetzten, zu tun hat. Lassen Sie das Problem in aller Ruhe im Grabe liegen – ja: Gehen Sie ihm ein bißchen aus dem Wege. Wir wollen, daß sich die Gedanken, die Sie nun gelesen haben, ein wenig in Ihnen setzen und zur Ruhe kommen. Nur so kann eine innere Verbindung mit Ihren eigenen Erfahrungen zustande kommen.

Allerdings können Sie diese Ruhezeit nützen, um etwas für sich selbst zu tun. Sie erinnern sich vielleicht, daß der Zustand der eigenen Person – die Stabilität und Farbigkeit meines eigenen Ichs – die wichtigste Voraussetzung ist, um mit dem Vorgesetzten richtig umgehen zu können. Ein aktives, emanzipatorisches und mutiges Gespräch mit dem Vorgesetzten wird getragen von der Kraft und dem Bewußtsein meiner ganzen Person.

Versuchen Sie einmal, etwas für sich selbst zu tun, was Sie sich in letzter Zeit nicht gegönnt haben. Das kann ein Gespräch sein mit einem Menschen, den Sie lange nicht gesehen haben, und an den Sie sich mit herzlicher Freude erinnern. Das kann eine Wanderung an einem kleinen Bach sein; ein Buch, das Sie schon lange lesen wollten; eine Blume, die noch in Ihrem Zimmer fehlt; eine Platte . . .

Aber es sind nicht nur solche besinnlichen Erlebnisse gemeint – es kann auch etwas sein, wo die volle Dynamik des Lebens drin steckt: eine Disko-Nacht; eine Verfolgungsjagd auf Fahrrädern; ein »Funke« in einer Liebesgeschichte; ein unerwartetes, riesiges Menü. Es gibt heute sehr, sehr viele Bereiche, in denen Sie sich etwas gönnen können – für sich selbst. Wo Sie spüren, daß Sie selbst es sind. Und nehmen Sie Bereiche, die Sie in den letzten Monaten vernachlässigt haben.

Und irgendwann einmal kommt Ihnen die Erinnerung an das Vorgesetzten-Thema. Oder Sie haben echten Ärger damit. Oder Sie hören von Kollegen schlimme Geschichten.

Und auch dann: Tun Sie – bitte! (außer in akuten Notfällen, die Sie selbst betreffen) – *tun* Sie noch gar nichts. Vielmehr: Schalten Sie nun ganz bewußt eine Phase der Beobachtung ein. Ein oder zwei Wochen mit exakten Beobachtungsübungen! Denn – Sie erinnern sich – die Beobachtung ist die Voraussetzung für den richtigen Umgang mit Vorgesetzten. Für eine gute Zielsetzung, Vorbereitung und Durchführung eines Gesprächs bietet die Beobachtung das notwendige Material.

Am besten beobachten Sie zunächst Situationen, an denen Sie selbst nicht beteiligt sind. Dafür gibt es im Berufsalltag viele Möglichkeiten; Sie finden aber auch ausgezeichnete Beispiele in guten, realistischen (Fernseh-)Filmen.

Üben Sie sich darin sehr präzise – das heißt: in 10-Sekunden-Abschnitten. Was geschieht in dieser Zeit wirklich? Was sagt der Vorgesetzte – welche Bewegungen macht er? Und wie antwortet der Mitarbeiter – welche Wirkung haben seine Antworten – worauf will er hinaus?

Daraus können Sie schließen, welche Gefühle die Beteiligten in diesen Sekunden haben – und: Wie diese Gefühle wieder auf ihr Verhalten, auf ihre Worte zurückwirken. Sie werden merken, daß in einem 10-Sekunden-Abschnitt ungemein viel abläuft, und daß die Übung unseres Beobachtungsvermögens wichtig ist.

Natürlich stehen diese 10-Sekunden-Abschnitte wiederum in größeren Sinnzusammenhängen. Sie bilden einen »Bogen«, den wir in einem zusätzlichen Bewußtseinsvorgang erfassen müssen.

Wenn Sie diese Beobachtungen geübt haben, dann – dann erst! – beginnen Sie, sich mit Ihrem eigenen Vorgesetzten zu beschäftigen, also ihn präzise und genau (auch in 10-Sekunden-

Abschnitten!) zu beobachten und sich Gedanken zu machen über die »Bögen« seiner Abläufe: Was will er erreichen? Was will er verdecken? Was soll das Ganze? Was hat es für einen Sinn? Und: Betrachten Sie auch Ihre eigene Beobachtungsgabe: Was sehe ich genau? Was fällt mir schwer?

Wo liegen die »Lücken« meiner Wahrnehmung – d. h.:

Was will ich nicht wahrhaben? Wo liegen meine Ängste? Wie geht es mir?

Die exakte Beobachtung des Vorgesetzten muß also verbunden werden mit einer Beobachtung meiner eigenen Abläufe – meiner wirklichen Gefühle und Gedanken.

Und nun – also erst in diesem Stadium Ihrer Beschäftigung mit unserem Thema – beginnen Sie, sich auf zwei oder drei konkrete Probleme zu konzentrieren, die Sie im Umgang mit Ihrem Vorgesetzten ändern wollen.

Dabei können Sie folgendermaßen vorgehen: Beschreiben Sie sich selbst die Situation, um die es geht. Sprechen Sie dabei laut – oder schreiben Sie es sich in Stichworten (aber exakt!) auf. Es kommt sehr darauf an, daß Sie präzise bleiben – kein Wischiwaschi, keine allgemeinen Worte – sondern ganz genau: Was er gemacht hat und was Sie ändern wollen.

Und dann stellen Sie das Ziel auf. Sie erinnern sich: Das Ziel ist das, was der Vorgesetzte morgen über das Problem denkt und was er in Zukunft tut. (Das Ziel ist nicht, was Sie ihm »sagen« wollen.) Dieses Ziel schreiben Sie auf einen Zettel auf.

Es wäre gut, wenn Sie zu diesem Zeitpunkt mit anderen, mit guten Kollegen über das Problem sprechen könnten. Seien Sie allerdings vorsichtig in der Auswahl der Gesprächspartner. Die meisten Leute geben, wenn es um Konflikte mit Vorgesetzten geht, völlig undurchdachte, sinnlose »Ratschläge«. Das sind oftmals »Projektionen« der Ängste oder der bitteren Erfahrungen dieser Leute – häufig sind es sehr schlechte, unpassende Empfehlungen.

In dieser Phase können Sie herausfinden, wer Ihnen in einer solchen Lage wirklich helfen kann – wer Sie versteht und das Problem ernst nimmt. Viele Menschen machen dann nur allgemeine, nichtssagende »Sprüche«. Sie reden wie ausgeleierte Plattenspieler. Am schlimmsten sind die Leute, die Sie in einer solchen Situation noch zusätzlich verunsichern. Sie sagen etwa: »Du mußt dich doch nicht so wichtig nehmen!« Oder: »Der Vorgesetzte wird schon wissen, warum er das so macht!« Oder: »Du weißt es natürlich besser!« Sie können also gerade beim Vorgesetzten-Thema merken, wer Ihnen wirklich zur Seite steht.

Und dann kommt plötzlich eine Situation, in der gehandelt werden muß. Etwa: Der Vorgesetzte hat Sie in einer wichtigen Sache nicht informiert; oder: Er hat unbegründet abfällige Bemerkungen zu Ihnen gemacht. Oder . . .

Sie entschließen sich, mit ihm darüber zu sprechen. Sie lassen sich einen Termin geben. Sie arbeiten das Ziel aus. Sie prüfen das Konzept und die ersten drei Sätze mit einem guten Freund durch.

Und dann sitzen Sie ihm gegenüber. Sie spüren, daß Sie unruhig und gespannt sind. Sie schauen ihn an.

Sie haben einen Kloß im Hals. Aber Sie bringen die ersten drei Sätze einigermaßen richtig raus. Er schaut Sie an – gütig oder vielleicht auch ärgerlich, oder vielleicht auch fassadenhaft wie ein Buddha.

Er erläutert, warum er das so machen mußte. Er sagt vielleicht, daß Sie auch Fehler gemacht haben. Sie erwidern einige Worte. Er geht nicht weiter darauf ein. Das Gespräch wird länger. Sie können aber noch sagen. »In Zukunft wollen Sie mich aber bitte rechtzeitig und ausreichend informieren.« Er schaut Sie an. Er sagt nicht Ja; er sagt nicht Nein. Er sagt noch dies und das.

Sie sind wieder draußen und wissen nicht, wie Ihnen zumute ist. Das war wohl nichts, denken Sie.

Nach vier Wochen ruft Ihr Vorgesetzter plötzlich bei Ihnen an: »Zu dem Auftrag, den ich Ihnen gestern gab, möchte ich Ihnen noch folgende Einzelheiten mitteilen: . . .«

Er hat also verstanden, daß er Sie besser informieren muß. Und er hat es auch getan.

Das Schlußwort dieses Buches lautet daher:

»Von nichts kommt nichts!«

Ich wünsche Ihnen guten Erfolg.

Weiterführende Literatur

Diese Literaturhinweise sind nicht vollständig. Sie betreffen auch nur die Literatur, die für einzelne Bereiche des Buches verfügbar war. Literatur zur Gesamtkonzeption dieses Buches ist offensichtlich kaum vorhanden.

Zu: Führungsproblemen, Führungskonzepten

Ackermann, Albert: Praktische Psychologie für die Führungskräfte. München 1967.

Blake, Robert R. und Mouton, J. S.: Verhaltenspsychologie im Betrieb. Düsseldorf 1968.

Bordemann, Günther: Verhaltensregeln im Führungsalltag. Heidelberg 1978.

Freilinger, Christa: Wer kann führen? München 1979.

Höhn, Reinhard: Führungsbrevier der Wirtschaft. 7. Aufl. Bad Harzburg 1970.

Korff, Ernst: Leiten und Führen. 2. Aufl., Heidelberg 1971.

Lauterburg, Christoph: Von dem Ende der Hierarchie. Modelle für eine bessere Arbeitswelt. Düsseldorf/Wien 1978.

Leavitt, Harold J.: Grundlagen der Führungspsychologie. München 1979.

Likert, R.: New Patterns of Management. New York 1961.

McGregor, Douglas: Der Mensch im Unternehmen. Düsseldorf 1970.

Odiorne, George S.: Management by objectives. Führung durch Vorgabe von Zielen. München 1967.

Schwarzer, Eberhard: Menschenführung für Manager. München 1979.

Stangl, Anton: Führen muß man können. Düsseldorf/Wien 1979.

Zander, Ernst: Taschenbuch für Führungstechnik. Heidelberg 1977.

Zu: Manager

Ackermann, Albert: Der Manager der Zukunft. München 1969.

Blanchard, Kenneth und Spencer Johnson: Der Minuten-Manager. Hamburg 1983.

Bleicher, Knut und Erik Mayer: Führung in der Unternehmung. Hamburg 1976.

Dale, Ernest: Management. Düsseldorf/Wien 1972.

Drucker, Peter F.: Neue Management-Praxis. Düsseldorf 1978.

Fiedler-Winter, Rosemarie: Die Moral der Manager. Stuttgart 1977.

Höckel, Günther: Warum Amerikas Management so erfolgreich ist. Düsseldorf/Wien 1970.

Macharzina, Klaus und Lutz von Rosenstiel: Führungswandel in Unternehmen und Verwaltung. Wiesbaden 1974.

Peter, Laurence J. und Raymond Hull: Das Peter-Prinzip. Hamburg 1970.

Zu: Führungskräfte-Training

Gordon, Thomas: Managerkonferenz. Hamburg 1978.

Hunold, Wolf: Führungstraining für Meister (und andere Vorgesetzte). Heidelberg 1983.

Kowalewsky, Wolfram: Training von Führungsverhalten, in: Handbuch der Angewandten Psychologie. Göttingen 1981.

Maier, Norman R. F., Allen R. Solen und Ayesha A. Maier: Rollenspielpraxis im Führungstraining. Stuttgart 1977.

Zu: Angst des Lehrers vor dem Schüler

Brück, H.: Die Angst des Lehrers vor dem Schüler. Hamburg 1978.

Döring, Klaus W.: Lehrerverhalten. Theorie, Praxis, Forschung. Darin: Professionalisierung und Lehrerangst (Nachtrag). Weinheim 1980.

Raether, Wulf: Das unbekannte Phänomen Lehrerangst. Freiburg 1979.

Weidenmann, B.: Lehrerangst. München 1978.

Zu: Selbstbewußtseins-Training (Ich-Entwicklung)

Fensterheim, Herbert und Jean Baer: Sag nicht Ja, wenn Du Nein sagen willst. München 1977.

Leitner, Sebastian: So lernt man Leben. München/Zürich 1974.

Sharpe, Robert und David Lewis: Der Egowecker. Düsseldorf/Wien 1977.

Zu: Verhaltenstherapie

Brengelmann, J. C. und W. Tunner (Hrsg.): Behaviour Therapy – Verhaltenstherapie. München/Berlin/Wien 1973.

Halder, Petra: Verhaltenstherapie. Stuttgart/Berlin/Köln/Mainz 1973.

Tharp, Roland R. und Ralph J. Wetzel: Verhaltensänderungen im gegebenen Sozialfeld. München/Berlin/Wien 1975.

Wolpe, Joseph: Praxis der Verhaltenstherapie. Bern 1974.

Zu: Umgang mit Vorgesetzten

Rischar, Klaus: Spielregeln für den Umgang mit Chefs. Wiesbaden 1985.

Wildt, Dieter: Charme für den Chef. Kunst und Karriere der Sekretärin. Hamburg 1968.

Zu: Emanzipation allgemein

Eine Bibliographie zum Stichwort »Emanzipation allgemein« würde weit über hundert Titel enthalten. Wir nennen hier nur einige Bücher, die in aktiv-kämpferischer Weise gesellschaftliche Machtverhältnisse entlarven und überwinden wollen – vornehmlich aus den Bereichen Staat, Arbeitswelt, Frauen, Männer und Erziehung. Diese Bücher enthalten allerdings für unser Thema »Umgang mit Vorgesetzten« wichtige Grundlagen.

de Beauvoir, Simone: Das andere Geschlecht. Reinbek 1986.

Engelmann, Bert: Wir Untertanen. Frankfurt 1984.

Eppler, Erhard: Maßstäbe für eine humane Gesellschaft. Frankfurt 1984.

Fucke, Erhard: Die Bedeutung der Phantasie für Emanzipation und Autonomie des Menschen. Berlin 1981.

von Hentig, Hartmut: Spielraum und Ernstfall. Stuttgart 1973.

Kowalewsky, Wolfram: Zwischen Chauvi und Softi. Das Buch zur Emanzipation des Mannes. Köln 1984.

Ders.: Endlich frei! Abhängigkeit erkennen und überwinden. Köln 1985.

Marcuse, Herbert: Der eindimensionale Mensch. Neuwied 1984.

Meulenbelt, Anja: Die Scham ist vorbei. München 1984.

Pestalozzi, Hans: Nach uns die Zukunft. Bern 1979.

Pilgrim, Volker Elis: Manifest zur Befreiung des Mannes. Reinbek 1985

Schwarzer, Alice: Der kleine Unterschied. Frankfurt 1985.

Wallraff, Günter/Engelmann, Bert: Ihr da oben – Wir da unten. Köln 1977